Después de la crisis

Sección de Obras de Sociología

Alain Touraine

Después de la crisis

Traducción
Martí Soler

Primera edición en francés, 2010
Primera edición en español, 2013

Touraine, Alain
Después de la crisis / Alain Touraine ; trad. de Martí Soler. — México : FCE, 2013.
177 p. ; 21 × 14 cm — (Sección de Obras de Sociología)
Título original: Après la crise
ISBN 978-607-16-1647-0

1. Crisis económica - Siglo XX - Aspectos sociales 2. Economía - Siglo XX - Cambio social 3. Sociología I. Soler, Martí, tr. II. Ser. III. t.

LC HB3722 Dewey 306.3 T829d

Distribución en América Latina
(Prohibida su venta en España)

Este libro fue publicado con el apoyo de la Embajada de Francia en México / IFAL,
en el marco del Programa de Fomento a la Publicación «Alfonso Reyes»
del Ministerio Francés de Relaciones Exteriores y Europeas y del Institut Français.

Título original: *Après la crise*

Diseño de portada: Paola Álvarez Baldit

Carretera Picacho-Ajusco, 227; 14738 México, D. F.
Empresa certificada ISO 9001:2008

Comentarios: editorial@fondodeculturaeconomica.com
www.fondodeculturaeconomica.com
Tel. (55) 5227-4672; fax (55) 5227-4694

ISBN 978-607-16-1647-0

Impreso en México • *Printed in Mexico*

Para Simonetta, a quien este libro despojó
de una parte del tiempo que hemos compartido.

Sumario

Presentación 11

Primera parte
LAS CRISIS EN CONTEXTO

I. Más allá de la sociedad industrial 17
II. La crisis de la sociedad capitalista 31
III. La situación de crisis 41
IV. La descomposición de la vida social 52
V. El lucro contra el derecho 63

Segunda parte
LA SOCIEDAD POSIBLE

VI. La hipótesis 79
VII. La situación postsocial 100
VIII. La aparición de actores no sociales 114
IX. Nuevas instituciones sociales y políticas 128

Conclusiones 151
Resumen 161
Referencias bibliográficas 165
Agradecimientos 173
Índice 175

Presentación

> Es cierto que muchas cosas cambiarán a causa de la crisis. El regreso a un mundo anterior a la crisis está excluido. ¿Pero estos cambios serán profundos, radicales? ¿Irán incluso en la dirección correcta? Hemos perdido el sentimiento de urgencia y lo que hasta ahora ha ocurrido proyecta un mal augurio sobre el futuro.
>
> JOSEPH STIGLITZ, *Freefall*, 2010, p. 454.

Una crisis económica es antes que nada un asunto de economistas. Sus causas, su desarrollo, sus consecuencias y los esfuerzos hechos para salir de ella o para impedir lo peor son temas que los economistas a menudo han analizado, porque no siempre han podido prevenirlos. Sobre la crisis financiera de 2007-2009 y sus antecedentes, los economistas en lengua francesa, como los demás, publicaron muchos libros destinados a un público de profesionales, y otros tantos dirigidos a un público más amplio; algunos de ellos han tenido gran eco en la opinión pública.

Sería entonces absurdo pretender que toca a los sociólogos estudiar los factores no económicos de la situación económica. Tal preocupación no sólo ha estado siempre presente en el mismo pensamiento económico, tanto dentro de la escuela «institucionalista» de principios de siglo XX o en la escuela actual de la regulación como en el caso de Joseph Schumpeter, e incluso ya desde Adam Smith, sino que, además, un grupo importante de economistas de alto nivel, entre ellos varios premios Nobel, Amartya Sen el primero, luego Joseph Stiglitz y Paul Krugman, siempre han criticado la visión estrecha —inspirada por un cuantitativismo superficial— de un pensamiento estadístico y económico que reducía la situación de tal individuo o tal categoría social a su salario en dólares. Hoy en día, estos críticos son el bien común de los sociólogos y los economistas. Dejemos entonces de dirigirles reproches infundados a los economistas.

¿Pero entonces qué nos queda decirle al sociólogo? Procedamos por orden. Cuando una crisis (y es el caso de ésta que ahora vivimos) separa la economía del resto de la sociedad y se encierra en sus problemas internos, ¿en qué se convierte la vida social?

No sólo queda en posición marginal, sino que la crisis la transforma al grado de suscitar miedos e indignaciones en contra de las instituciones. Estas reacciones emocionales han alimentado en repetidas ocasiones el triunfo de un movimiento autoritario o populista. Pensemos aquí en el ascenso de Hitler al poder en 1939, después de que su movimiento ganó poder debido a la crisis de 1929.

De forma paralela, la crisis acelera una tendencia a largo plazo en la que los actores sociales, perjudicados por la crisis social, se separan del sistema económico (incluyendo su dimensión militar) y se transforman en desempleados, excluidos o ahorradores arruinados, incapaces de reaccionar políticamente —lo cual explica el silencio actual de las víctimas de la crisis—, o en actores cada vez menos sociales y definidos más bien en términos universales, morales o culturales.

Consciente de las cosas que están en juego, el sociólogo se pregunta de qué manera superar la crisis. Sin desechar las soluciones técnicas propuestas por economistas y políticos, el sociólogo introduce una idea nueva: lo más importante, dice, es reconstruir la vida social, ponerle fin a la dominación de la economía sobre la sociedad, lo cual exige recurrir a un principio cada vez más general e incluso universal, que podemos llamar «derechos del hombre» (mejor dicho «derechos humanos»), que debe engendrar formas nuevas de organización, educación y gobernabilidad, para ser capaces de suscitar una redistribución del producto nacional a favor del trabajo (que desde hace mucho fue sacrificado en aras del capital) y exigir un respeto más real de la dignidad de todos los seres humanos.

Estas hipótesis ofrecen varias posibilidades de cambio social, pero excluyen cualquier retroceso al periodo anterior a la crisis, ya que encerrarse en dicha ilusión significaría preparar una nueva crisis.

El modo de análisis del sociólogo es diferente al de los economistas, en la medida en que el primero, igual que el historiador, busca comprender a los actores, sus decisiones y sus representaciones. Su objeto de estudio, entonces, se constituye en gran medida con juicios de valor, a pesar de que éstos deban ser analizados objetivamente, desconfiando de cualquier prejuicio ideológico.

El sociólogo busca descubrir transformaciones sociales y culturales generales que puedan observarse en todos los ámbitos, a través de los debates políticos en primer lugar, pero también en los textos y las imágenes que son aparentemente ajenos a los problemas económicos inmediatos. La novela y el teatro, el cine y los videos, las artes plásticas, la música y las canciones proporcionan indicadores muy claros a quienes se interrogan sobre los cambios que tienen un amplio alcance.

Además es preciso, claro, que el sociólogo aprenda del economista la naturaleza y el sentido de los hechos, pero debe ante todo relacionar el análisis de la crisis con una perspectiva de las transformaciones a largo plazo de la vida social. La *primera idea* defendida aquí será que después de la sociedad industrial, e incluso postindustrial, se forma lo que yo llamo una *situación postsocial* (para evitar el término de sociedad postsocial, que es demasiado oscuro). Aunque esta mutación y la crisis económica no tengan la misma temporalidad ni las mismas consecuencias, deben estar relacionadas entre sí. Ciertamente no es la crisis la que engendra un nuevo tipo de sociedad, pero contribuye a la destrucción del tipo de sociedad anterior; puede también impedir la formación de un nuevo tipo de sociedad o favorecer la intervención de actores autoritarios durante un periodo de transición difícil.

Tales trastornos pueden acarrear (lo mismo a corto que a largo plazo) la desaparición real de los actores. Ésta es la impresión que nos deja el examen de la situación de los sindicatos y los partidos de «izquierda» en Europa, que se hallan en una impotencia tan evidente que los electores ya no saben lo que distingue a la izquierda de la derecha.

Así, se ha instalado un silencio social imprevisto que puede sin embargo anunciar muy bien la formación de un movimiento violento sostenido por todos los que han sufrido la crisis. Éste es el primer tipo de porvenir en el que la crisis puede desembocar.

Sin embargo, nuevos actores, que ya no pueden ser sociales, y que son más bien morales, también pueden aparecer. Oponen los derechos de todos los hombres a las acciones de los que sólo piensan en aumentar sus beneficios. Los anteriores conflictos entre actores sociales (por ejemplo los conflictos entre actores de diversas «clases») se ven remplazados por la contradicción que reina entre el sistema económico —sobre todo cuando éste se reduce a la búsqueda del mayor beneficio posible— y los actores que apelan a los derechos humanos y al respeto del individuo. Este segundo porvenir resulta tan deseable que el primero se torna, más bien, preocupante.

Desde principios de 2010, la *megacrisis* parece haber sido superada poco a poco y haberse convertido, como dice Paul Krugman, en una depresión ordinaria. Sin embargo, Europa ya ha sido alcanzada por una grave crisis monetaria que provoca también una crisis de crecimiento. ¿El sociólogo debe acaso retirarse y dejarle su lugar a los economistas, en la medida en que éstos son quienes saben elaborar y evaluar políticas económicas? Tal modestia sería excesiva, pues en la medida en que la situación económica sigue caminos ya conocidos se distinguen mejor los problemas que conciernen a otro orden distinto del de la previsión económica. Aquí tenemos dos planteamientos:

- ¿Cómo afecta la crisis la evolución a largo plazo de las relaciones entre la economía y la vida social?
- ¿Nuestras sociedades se verán amenazadas por una cascada de crisis, o serán acaso capaces de descubrir y construir un nuevo tipo de vida social (la ya mencionada *situación postsocial*) caracterizada por la separación entre el sistema y los actores?

Cualquiera de los dos porvenires planteados por esta última pregunta será, en todo caso, el que nos toque vivir.

Primera parte

Las crisis en contexto

I. Más allá de la sociedad industrial

Crisis económica y cambio de sociedad

De la *megacrisis* que inició en los Estados Unidos en 2007 y 2008 lo que más nos preocupa es su carácter global, que explica la destrucción de todas las instituciones que antaño transformaban las situaciones económicas en elementos de una vida social controlada por el Estado. La mayoría de los observadores piensa que se trata de una crisis importante del capitalismo, no la primera sino la más grave desde aquella de 1929, de la cual nadie ha olvidado sus devastadoras consecuencias sociales. Otros han anunciado, con tono apocalíptico, el aterrador final del capitalismo, algunos incluso han hablado del final de la economía de mercado. Sin embargo, con el paso del tiempo deben sustituirse tales reacciones espontáneas y alarmantes por análisis serenos.

No es el fin del mundo. La preocupación dominante se convierte en la evaluación de las políticas de intervención de los Estados, y en especial del estadunidense. Durante mucho tiempo nos ha gustado decir que Nueva York dictaba la conducta del gobierno de Washington, que la economía de las grandes empresas fijaba el desarrollo de la política de este país que domina la economía mundial. Aún hoy, el vigor de algunas reacciones del presidente de los Estados Unidos y de algunos países europeos importantes nos tranquiliza, incluso si no garantiza nada para el futuro. Es tan fácil pasar de un pesimismo total a la confianza ciega, aun cuando nunca hemos dejado de pensar que los Estados en cuestión son omnipotentes, sobre todo después de que la política en sí misma se ha mundializado. Surge, pues, un optimismo sin fundamento aquí o allá; anunciamos así el fin de la caída o incluso el principio de la recuperación para 2010, aunque la mayoría de los observadores piensa que el rescate del empleo no llegará sino hasta mucho más tarde. Otros analistas son más pesimistas y se preocupan al ver que el estado de crisis se vuelve permanente y conduce a los países industriales a una caída continua. Pero todas estas previsiones contribuyen a restringir la opinión a una visión coyuntural. Por supuesto, esta observación no significa para nada que las economías se equivocan al dar prioridad al estudio del desarrollo de la crisis, pues lo que la opinión espera es el triunfo de las intervenciones políticas, el rescate del empleo y la disminución de una inseguridad que al principio parecía insuperable. Entendemos fácilmente que la opinión pública exija más que meras explicaciones, es decir, previsiones o incluso profecías, como si los análisis más profundos no tuvieran derecho a hacerse escuchar hasta que los Estados, los bancos y las empresas hayan demostrado hasta qué punto pueden controlar una situación que en 2008 parecía incontrolable.

Estas observaciones explican la ausencia de interés que suscitan los análisis más generales, que no parecen aportar más que nuevas razones para caer en el pesimismo. ¡No es más importante saber si vamos a morir o no que si vamos a lograr nombrar la catástrofe que provoque el desplome del sistema económico! Desde la década de 1970, el sistema llamado neoliberal parece identificarse con la sociedad contemporánea percibida en su conjunto. De esta manera, la catástrofe se siente con más intensidad no en los países más pobres y más frágiles, sino al contrario, en los grandes centros de la economía mundial como Nueva York o Londres. ¿Por qué entonces queremos buscar más allá?

Nos hace falta, no obstante, definir bien lo que observamos cada día si queremos reforzar las posibilidades de intervenir de manera útil en una economía mundial, que nos parece amenazadora.

Mientras las estadísticas, sobre todo estadunidenses, que se refieren al mercado interno y el empleo nos dejan en la incertidumbre o en la rápida sucesión de pronósticos variados, ¿es posible interrogarse sobre la naturaleza de las transformaciones pendientes? Podemos hacerlo, pero estaremos participando entonces en un debate de difícil solución, más que aportando soluciones. Una de las posibles hipótesis es que las crisis financiera y monetaria no son en sí mismas insuperables, pues ya otras han sido superadas, con la condición de que los Estados crean en la necesidad de su propia intervención. Pero otra hipótesis es que no se trata nada más de una crisis, es decir, de un hecho coyuntural, sino de cambios que van más allá de acontecimientos económicos visibles. Hechos así de graves no podrían poner en duda sólo la gestión de la economía: atañen a toda la organización de nuestra sociedad.

En resumen, tenemos una necesidad urgente de análisis generales, aunque no podemos hacer propuestas tan sólidamente elaboradas como lo han sido, después de varias generaciones de economistas, los análisis de las sociedades industriales. Sin embargo, sólo estas tareas pueden permitir la elaboración de políticas capaces de resolver los problemas actuales.

Lo que justifica este tipo de empresa intelectual de alto riesgo es que los análisis más cercanos a la coyuntura actual, los que leemos en la prensa y en internet y que escuchamos a diario en la radio o en la televisión, no nos proponen resultados lo suficientemente sólidos como para orientarnos. El triunfo de la economía liberal mundial ha sido tan integral y sólido desde la década de 1970 que para muchos se trata nada más de reconstruir la economía, tomándola en cuenta en su conjunto y con todo lo que la determina. Hoy en día, sin embargo, después de varios años de crisis general y de intervenciones estatales en la economía, sabemos que es imposible hablar de un sistema económico sólo en términos económicos, ya que la intervención del Estado, que ha desempeñado un papel central, ha mostrado que el sistema económico no domina al conjunto de la sociedad. Entonces tenemos no sólo el derecho sino también la obligación de situar nuestro análisis a la misma altura que la situación económica, que se ha vuelto más política que exclusivamente financiera. Y ya que ante todo se trata de la cuestión económica de los Estados Unidos, ¿cómo no vamos a admitir la idea de que la política de este país, en este ámbito, depende más que nada del presidente

Barack Obama? De forma inversa, ¿cómo podríamos llevar a cabo un análisis sin reconocer el hecho de que no existe actualmente en Europa pensamiento o partido político alguno que nos proponga una visión convincente? ¿Podemos decir que en Europa hay una política europea, cuando la Unión Europea ha reducido su propio papel al de un actor menor, y cuando en los principales países europeos la confusión política ha llegado al colmo? Los mensajes de tipo ideológico han quedado debilitados hoy en día hasta llegar a desaparecer, lo cual debe incitarnos a observar que este desgaste de las interpretaciones de la sociedad actual es una de la principales causas de la crisis. Frente a estas dos observaciones, a la vez complementarias y opuestas (la dependencia de la gestión económica en relación con el Estado y la debilidad, si no de los Estados, al menos de los sistemas políticos), parece razonable intentar comprender las interacciones entre economía política, análisis sociológico e incluso historia de las ideas.

Sólo en el nivel más global, el de las relaciones entre actores de todo tipo y sus capacidades de expresión, podremos comprender los fundamentos de esto que no es sólo una serie de crisis económicas: estas crisis económicas han estallado en situaciones que convendría definir tanto en términos políticos y sociológicos como económicos.

El modelo europeo de modernización

Estas observaciones nos invitan a empezar por definir las nociones importantes a las que recurre el análisis de las sociedades que podríamos llamar «modernizadas» o «industrializadas».

Un hecho histórico impuso una forma particular a nuestra historia y a nuestros problemas económicos, sociales y políticos: a diferencia de otras regiones del mundo, el Occidente europeo —y luego también estadunidense—, se negó el objetivo principal de mantener el orden establecido de resistir frente a los factores de disgregación y de reforzar los sistemas de control, así como de imponer un pensamiento global, apoyado por un poder central. El mundo árabe y el chino estaban (en lo que llamamos la Edad Media), mejor organizados, eran más poderosos y hasta más eficaces y capaces de realizar acciones creadoras que el mundo europeo dividido, debilitado por la descomposición del Imperio romano y por la debilidad del poder real en sociedades edificadas sobre la debilidad de las comunicaciones y el amplio poder de los nobles, vasallos en un sistema feudal. El mundo europeo decidió detener la búsqueda de la estabilidad y la integración para volcarse en una dirección opuesta; trabajó para que todos los recursos económicos, políticos, militares y científicos se concentraran en las manos de una élite creada y legitimada por su fuerte dominación sobre la población en todos los ámbitos. Este poder de la élite y la dependencia extrema de los trabajadores ejecutantes crearon una situación análoga a la que permite la más fuerte producción de energía: una diferencia de potencial tan grande como es posible entre un «polo caliente» y un «polo frío», para retomar los términos de Claude Lévi-Strauss.

Este tipo de sociedad debe ser definido a la vez por una capacidad excepcional de concentración de los recursos y por la creación de tensiones y conflictos siempre al límite de lo soportable. Es claro que la *polarización* de la sociedad ha permitido la concentración de los recursos, que no pudo llevarse a cabo por sí sola más que con métodos de dominación y de explotación social mantenidos durante siglos. Desde hace no mucho tiempo los dominados han rechazado la dominación que padecían: naciones que derrocan monarquías absolutas, asalariados que luchan por obtener derechos, colonizados que se liberan del yugo colonial, mujeres que se oponen a la dominación masculina. Todas estas luchas han limitado el poder de los poderosos y, no obstante, han traído el riesgo de debilitar la capacidad de inversión; es como si nos acercáramos al fin de un modo de modernización que le había servido a los grandes países occidentales para la dominación del mundo.

Lo más importante aquí es reconocer que este tipo de sociedad, o mejor dicho, de cambio histórico, se define al mismo tiempo por conflictos internos y por acciones orientadas hacia el exterior, a menudo en forma de conquistas. La sociedad que hemos creado ha estado dominada por la oposición entre «dueños» y «esclavos», lo que ha suscitado, más allá de conflictos violentos a menudo relacionados con movimientos sociales, intentos continuos por mantener la paz entre los adversarios, sin despojar a la economía de su dinamismo. Varias escuelas de pensamiento han intentado sobrepasar esta oposición entre adversarios, en nombre de la equidad, la justicia, el equilibrio, pero la importancia de estos intentos estriba más en el hecho de que revelaron que los conflictos ocupan desde hace tiempo la posición central, antes que en haber permitido una superación real del conflicto central. Sin embargo, estamos acostumbrados (y con razón) a definir la sociedad de Europa occidental de la segunda mitad del siglo XX como un Estado de bienestar *(welfare State)* engendrado por una política social-demócrata o nacionalista y por la búsqueda de una nueva integración. El conflicto, empero, no ha desaparecido jamás de nuestras sociedades. Desde este punto de vista, no hay oposición total entre una sociedad integrada y una polarizada, ya que, en ambos casos, hay que tomar en cuenta las contradicciones entre una política centrada en la acumulación, la inversión y la conquista, y aquella que refuerza las reivindicaciones de los dominados que han buscado cada vez más a menudo apoyarse en cierta concepción de los derechos y las necesidades de todos. Este tipo de sociedad no puede funcionar «normalmente» a menos que ambos campos presentes estén constituidos con nitidez y cuando el estado de sus relaciones sea lo suficientemente reconocible como para que los políticos puedan buscar modalidades de coexistencia (o incluso de acuerdos) entre ellos.

El análisis, pues, debe constar de varios elementos de base. El primero está menos definido socialmente: se trata de un cierto estado de la tecnología, de los intercambios y los recursos. Así, todos hablamos de sociedad industrial o de sociedad de la comunicación o, para designar un periodo más antiguo, de capitalismo comercial.

A partir de este punto, la descripción debe estar guiada por la búsqueda de un principio general de análisis de los actores y de sus conflictos, imponiendo la unidad de un principio general de análisis sobre la complejidad de los fenómenos históricos.

Si no existe marco histórico reconocido ni constitución de actores económicos y sociales organizados y visibles y, finalmente, si no hay capacidad de intervención de una autoridad central (por lo general de naturaleza política) que se esfuerce por resistir frente a la dominación de los más ricos y por mantener cierta compatibilidad entre intereses opuestos, ya no podemos hablar de tal tipo de sociedad.

Así, llegamos directamente a la pregunta más importante: ¿existe una definición clara de los retos actuales de la vida social, de los actores dominantes y de los actores dominados, pero también de las capacidades de intervención institucional, se trate del Estado o de un sistema parlamentario?

En nuestra propia sociedad observamos que cada uno de los elementos está no sólo mal definido, sino incluso parece estar encaminado hacia la descomposición. Esta situación nos obliga a hablar de una crisis del conjunto constituido por retos comunes, oposición de intereses y posible campo de intervención del Estado. El mundo de los dominados se ha vuelto tan diverso y fragmentado que no podría producir un actor histórico, es decir, una voluntad de acción colectiva que tenga consecuencias en las orientaciones de la sociedad. La misma observación podría hacerse del lado de los dominantes. Finalmente, resulta difícil saber si existen sistemas institucionales que logren controlar y al mismo tiempo guiar los conflictos sociales y la capacidad de inversión de una sociedad. En muchos casos, la conciencia de la contradicción entre actores y sistemas es tan grande que buscamos más bien apartar las mediaciones posibles pensando que hace falta dar libre curso tanto a los actores dominantes como a los dominados. Algunos llaman liberal a la sociedad que pretende serlo económica y políticamente, definiendo su dimensión política como la capacidad de establecer mediaciones, es decir, acuerdos limitados, pero ¿no estamos acaso muy lejos de esta dimensión del liberalismo, en tanto que —en la crisis que vivimos—, ya no somos capaces de definir los fundamentos de la sociedad postindustrial? A nuestra sociedad, evidentemente, ya no la domina la producción, la acumulación o los conflictos que giran en torno a la apropiación de ganancias de la productividad.

¿Pero qué la domina entonces? Nuestro primer objetivo debe ser responder a las siguientes preguntas: ¿cuál es la capacidad de acción colectiva de los actores?, ¿cuáles son sus formas, sean de combate abierto o de aceptación de ciertas mediaciones? y, finalmente, ¿cómo evaluar la voluntad de intervención o de no intervención de los poderes políticos y judiciales para lograr procesar, con los medios institucionales, los conflictos fundamentales?

El declive de la sociedad masculina

Detrás de esta crisis económica que revela la fragilidad del aparentemente poderoso capitalismo estadunidense e inglés, ¿cómo no percibir también el declive de un mundo masculino creado mucho más con dinero que con máquinas y productos? Un mundo escondido pero omnipotente donde, como en la corte de los reyes, el esplendor colinda con el vicio, no el del sexo, sino el del provecho desocializado, ya que rechaza todo límite y toda norma.

Esta imagen brutal esconde completamente la ascensión de las mujeres, que dominan el consumo en el sentido más amplio del término y que se confunde casi con la creación. Mas ya no se trata de creación: sólo observamos destrucción y empobrecimiento. El capitalismo financiero sólo acumula, no produce nada sino una sucesión de «burbujas», la proximidad venenosa de una riqueza inmensa, el desplome financiero y la crisis social. Qué distancia recorrida en apenas unos cuantos años entre los creadores de Microsoft y Apple que inventaron, casi sin dinero, el mundo informático, y con él el universo de vida, intercambios y debates que internet ha llevado a todos los ámbitos de la experiencia humana. Éstas son técnicas creadoras de una civilización en la que las mujeres buscan recompensar una experiencia humana polarizada desde hace siglos entre la élite conquistadora y las poblaciones empobrecidas y sometidas. Aquí también, después de tantos logros y saltos hacia adelante, las sociedades industriales se topan con un callejón sin salida, y sus riquezas caen en manos de financieros indiferentes a todo orden de creación o de invención.

No sabríamos entender el sentido de la crisis financiera, cuyos especuladores son, como siempre, los primeros en reponerse, si no vemos más allá del presente el auge de un mundo fundado en el conocimiento y también en la conciencia de sí mismo. Un mundo creador, pero que no ha de guardar ningún vínculo con la economía sin utilidad, sin realidad, que se ha formado y desplomado, y que aún hoy debe ser domada con el sobresalto de aquellos que se niegan a soltar el hueso.

El riesgo de destrucción del mundo por la búsqueda ilimitada del beneficio es más que el síntoma de una crisis, ya que puede volverse mortal para la sociedad, y antes para el liberalismo que ha destruido a la «sociedad capitalista» eliminando a todos sus actores y reduciéndola al reino del mercado.

¿En qué sociedad vivimos?

En la sociedad industrial la transformación de los recursos materiales, que es el principio de la vida social, y los conflictos en cuanto a la distribución de estos recursos, engendran los principales enfrentamientos. Todos los aspectos de la vida social se definen y sitúan en relación con la creación de recursos materiales y, por consiguiente, con la definición de los actores por sí mismos y de sus conflictos, en términos de producción de bienes y repartición de los recursos disponibles.

La sociedad postindustrial, que es ante todo una sociedad de comunicación, no difiere en su naturaleza de las otras etapas de la sociedad industrial. No es más que la forma (actual) más avanzada de ésta. La confusión de las ideas ha llevado a algunos a hablar de una sociedad posmoderna. Con esto entienden la desaparición del papel central explicativo que se da a la evolución tecnológica y económica, lo cual los lleva a afirmar la existencia de una diversidad completa de elementos coexistentes en un momento dado.

La verdadera separación de varios conflictos (económicos, internacionales, de género) no significa la desaparición de todo principio de unidad, sino, y esto es esencial, el auge de dicho principio de unidad a un grado más alto de universalismo. Este grado es el de los derechos del hombre. El final de la lucha de clases como figura central del conflicto no atestigua un total desmoronamiento de la sociedad, sino el paso, que acabo de mencionar, a otro grado de unidad.

La globalización del sistema económico debilita sobre todo los instrumentos de intervención que fueron formados en un marco nacional, en especial la capacidad de regulación y de control de las relaciones entre actores económicos por un Estado capaz tanto de intervención social como económica.

Parece que hemos llegado al final de un largo proceso de desinstitucionalización y hasta de debilitamiento de las categorías sociales, de su jerarquía, de sus conflictos y sus actores. Esta impresión de fragmentación y descomposición de los elementos de la vida social es tan importante como lo fue, sobre todo al principio de la industrialización, la concentración de conflictos particulares en un conflicto general fundado en la contradicción de los intereses; lo cual no excluía, sin embargo, la afirmación de formas de regulación y de control de las relaciones y los conflictos sociales. Ciertamente debemos concluir que han perdido importancia, o incluso que desaparecen, los actores propiamente sociales, pero éstos dejan su lugar a otros actores, no sociales en la medida en que ponen en juego orientaciones culturales fundamentales.

Antes que nada debemos percibir este fenómeno de descomposición de los actores sociales como la consecuencia de la disociación entre una economía globalizada y los conflictos sociales o las acciones políticas —que no están presentes a nivel mundial, pero lo están a nivel local o nacional—. Podemos inclusive llegar a decir que la noción de *sociedad* se vuelve inútil y hasta perjudicial a partir del momento en que esta separación entre los retos económicos o tecnológicos y las intervenciones sociales y políticas de todo orden se vuelve más o menos completa.

Algunos objetan de inmediato que en ningún país las instituciones han dejado de funcionar, o en todo caso, no en países que pertenecen a este lado del planeta: los trenes ruedan, los dentistas curan las caries, y nada ha cambiado en el ritual del relevo de la guardia en el palacio de Buckingham. Si uso palabras que suenan como una burla para los argumentos de quienes niegan mi razonamiento desde que pronuncio la primera frase, es porque, en efecto, es muy común confundir el funcionamiento material de una sociedad con la comprensión de los mecanismos por los cuales un individuo o una categoría social pueden convertirse en actores, es decir, en creadores de cambio. Ahora bien, lo preocupante es que el rechazo que algunos presentan frente a la comprensión profunda de los trastornos de nuestras sociedades desde hace un siglo contribuye a agudizar su impotencia, y sobre todo la dificultad cada vez más grande que tienen los individuos y las categorías sociales para convertirse en actores de su propia historia y de la gestión o de la transformación de su sociedad. Ciertamente, los individuos siempre han gozado de un espacio suficiente para expresar sus diferencias, su personalidad propia y también algunas de sus opiniones, pero no es difícil darse cuenta de que nuestra sociedad ya no es del tipo de aquella que describían los manuales marxistas hace medio siglo. El cambio se ha llevado a cabo incluso en un sentido opuesto al que preveían los grupos radicales. La complejidad de los intercambios sociales no se ha transformado en enfrentamiento directo entre dos bloques. Se ha producido lo inverso, es decir, una diferenciación creciente de situaciones, categorías, grupos y opiniones. No es que la igualdad haya progresado: obviamente no es el caso en muchos países, pero la abundancia de bienes importantes y servicios producidos hace que la diversidad se haya instalado en el mundo del consumo, como había empezado a hacerlo en el mundo de la producción.

El caso mejor conocido es el de la clase obrera. Nadie puede negar que se ha diversificado. Constatamos así una separación creciente entre una categoría central ampliamente protegida por los servicios de salud, educación o seguridad social, y muchas categorías de excluidos o marginales, a los que de forma adecuada Robert Castel ha llamado «no afiliados». A veces, en esta vasta categoría, se crean agrupaciones, se forman comunidades, las minorías se oponen a las conductas de las mayorías (y son incluso más y más fácilmente aceptadas, con la condición de que no busquen derrocar a la mayoría). Esta imagen corresponde también a lo que muchos autores observan en la situación de las mujeres: son menos dependientes, ahora se reconocen mejor tanto los derechos como las diferencias que las distinguen de los hombres. Pero estos cambios parecen dar testimonio de un movimiento, acaso nunca concluido, hacia la igualdad entre ambos géneros. Seguramente, algunos no están satisfechos con esta evolución ambigua. Yo mismo he descubierto, en la conducta y la opinión de las mujeres de hoy, la prueba de la formación de un nuevo actor colectivo social y político. Esta opinión sigue siendo sin embargo minoritaria. Para unos, reconocer los pluralismos refuerza la búsqueda de cohesión; para otros, al contrario, éstos permanecen como aspectos de un conflicto general. Pero todo me sigue llevando a inclinarme hacia la posición que ya he expuesto. No vivimos en una sociedad enteramente «líquida», como piensa Zygmunt Bauman, y tampoco en un conflicto social general que se manifestaría en varios «frentes». El siglo que ha iniciado traerá ciertamente un refuerzo aparente frente a todas estas interpretaciones. La inmigración en masa mezclará las poblaciones, induciendo más a menudo a conflictos que a la integración. Será cada vez más tentador percatarse de un conflicto central en un mundo dividido entre un Occidente dominado por los Estados Unidos y una China que se hace de muchos mercados. Sin embargo, el principio general que expuse seguirá siendo válido: la unidad de los movimientos y conflictos se formará cada vez más arriba, muy por encima del orden propiamente social, allí donde se afirman las grandes concepciones culturales que orientan las conductas, incluyendo las conductas sociales.

En todos los ámbitos, las categorías sociales se disgregan o fragmentan. En el orden profesional esta evolución es más visible. Casi no queda nada en común entre los *golden boys* y los trabajadores precarios, de manera que no pueden ser adversarios directos. Podemos decir lo mismo de los conflictos entre mujeres y hombres. Se trata menos de un conflicto entre categorías de género que de una oposición entre la imagen «polarizada» de una sociedad defendida por los hombres y su imagen reintegrada propuesta por las mujeres. En cada caso hace falta pasar del plano social a un plano más elevado, lo cual explica que no tengamos que vérnoslas con las formas clásicas de los conflictos sociales y que se sustituye el enfrentamiento por el modelo europeo clásico, acentuado por las crisis recientes, y la voluntad afirmada de restablecer los nexos entre las lógicas económicas y las exigencias sociales.

Debemos reconocer los esfuerzos desplegados por los «socioeconomistas» para reintegrar los aspectos económicos y socioeconómicos de las situaciones que vivimos. Sin embargo, antes que nada parece necesario reconocer la ruptura de estos dos órdenes de conducta y buscar transformarla en un conflicto general entre exigencias culturales y una visión de la sociedad reducida a un orden económico.

Esta idea nos conduce directamente al centro de este análisis, pues las crisis económicas recientes nacen por lo general de una separación creciente entre la economía financiera, que está a menudo contaminada por la voluntad de enriquecimiento personal de los dirigentes, y la economía «real», que no es definible fuera de conflictos sociales e intervenciones del Estado.

Pero esta ruptura interna de la actividad económica también tiene otro significado, ya que, más allá de la ruptura entre el capitalismo financiero y la economía «real», observamos otra separación, más amplia, entre el conjunto de las actividades económicas y la vida social, cultural y hasta política, acentuada por la globalización. De esta manera no sólo la economía financiera se separa de la economía real, sino que la vida económica en su conjunto se separa del resto de la sociedad; esto amenaza con destruir las instituciones donde se construyen las normas y los modos de negociación social. Más importante aún es la tendencia de los actores a no sólo ser definidos por categorías económicas que supuestamente guían las categorías sociales. Se forman nuevos actores, que ya no son de tipo socioeconómico, pues oponen el respeto a los «derechos humanos» frente a una globalización que se le escapa a todas las fuerzas sociales.

Henos aquí en el corazón del proyecto de este libro: comprender cómo actores y sistema se separan siempre más, y cómo la experiencia humana está al mismo tiempo sometida a la necesidad económica y es capaz de quebrantarla asignándose objetivos y formando movimientos que se oponen a todas las lógicas económicas, en nombre de un llamado al «sujeto» humano, a sus derechos y a las leyes que los hacen respetar.

II. La crisis de la sociedad capitalista

La reconstrucción después de la guerra permitió en varios países la creación de un gran sistema de seguridad social que redujo las desigualdades en el sector salud. Sin embargo, las remuneraciones y las condiciones de vida pasaron al segundo plano de las preocupaciones de los gobiernos. Había que darle prioridad a la reconstrucción de las infraestructuras —decían—, y el mejoramiento de las condiciones de vida es lo que seguiría. Habría que volver a activar el aparato de producción mediante la reconstrucción de las vías férreas y el incremento masivo del cemento. Un libro de Manuel Castells describió la vida de los obreros franceses y extranjeros que trabajaban en Dunkerque, que vivían en campamentos provisorios en los que la vida era difícil mientras construían instalaciones técnicas de nivel elevado. El contraste entre la grandeza de la obra industrial terminada y las condiciones difíciles de vida y trabajo de los obreros del edificio terminaron por impactar a la opinión pública.

Después del retroceso del intervencionismo estatal a partir de la década de 1970 presenciamos otra ruptura de naturaleza diferente. Antes al alto ejecutivo y a los dirigentes se les remuneraba en función del lugar que ocupaban dentro de la jerarquía de trabajo calificado; luego la situación cambió brutalmente: la apertura de los mercados y la concentración de las empresas condujeron a evaluar la acción de los dirigentes y de los altos ejecutivos según parámetros de nivel internacional; Europa continental se alineó con este modelo dominante. Durante los últimos años hemos visto discontinuidades cada vez más sorprendentes en la pirámide de remuneración basada en el trabajo calificado, pues las categorías más elevadas han conseguido que su remuneración, o mejor dicho su ingreso general, se defina en función de su posición en los mercados internacionales. Esto ha llevado a una profunda ruptura entre los más calificados de los ejecutantes, por una parte, y por otra, los directores generales y funcionarios de alto nivel que entraron en el mercado internacional de dirigentes de empresas. Los ingresos muy altos, incrementados mediante toda suerte de comisiones y otros «paracaídas dorados», produjeron a partir de entonces una verdadera oligarquía conformada por quienes generan las ganancias mundializadas. La crisis en la que entramos atrajo la atención, en especial, hacia el caso de los *traders* cuyas primas se contabilizan a veces en centenas de millares (o incluso en millones) de euros, y no en millares (o centenas) de euros como ocurría con los otros asalariados. Al final fue sorprendente constatar que semejantes ventajas se otorgaban por igual a dirigentes cuya gestión no había estado coronada de éxito y rápidamente quedó claro que no es la actividad de producción la que enriquece, sino la especulación financiera, y que es ésta la que vierte en un reducido número de dirigentes el grueso del incremento de los recursos, mientras la gran mayoría de los asalariados continúa en la lucha por aumentos de 1 a 2%. El resultado es que los equipos de trabajo ya no son tan leales a su empresa, como se ha visto en numerosas investigaciones, en particular, en aquella reciente que dirigió Olivier Cousin.

Un segundo sector financiero

Pero hay que ir mucho más allá del enriquecimiento personal de unos cuantos para comprender las trasformaciones que sufre hoy la vida económica. Los créditos desbordan cada vez más en valor aquello que los garantizaba. Cien dólares de depósito en el banco pudieron transformarse en 700 dólares invertidos en *hedge funds* o en créditos hipotecarios *subprime* para el caso del sector de la construcción. Este desequilibrio hizo recaer la economía, ya no en la tecnología y los métodos de producción y en la difusión de productos nuevos o mejorados, sino en el logro de las operaciones; el ejemplo más famoso de esto fue la devaluación de la libra inglesa con los ataques de George Soros. En algunos casos incluso hay que hablar de robo o malversación. Después de la segunda Guerra Mundial, los dirigentes de las industrias se inscribieron en proyectos nacionales y sociales de reconstrucción; durante los últimos decenios, por el contrario, los capitales se volcaron prioritariamente hacia la especulación. La distancia en incremento entre el mundo de los asalariados y el de los dirigentes ya no corresponde a un enfrentamiento entre clases opuestas. La internacionalización separó más bien a aquellos que lograron comprometerse con ella y a los que no pudieron llegar a ella. Paralelamente, las empresas de producción tuvieron que reconocer que los beneficios asociados con la producción eran cada vez más bajos comparados con los que obtenían los *traders* que trabajaban para grandes grupos financieros.

El peligroso viraje en el capitalismo financiero, cada vez más desconectado de las necesidades de la producción, comenzó a acelerarse a partir de la década de 1990, pero a un nivel más bien regional —Asia, México, Argentina— que global, antes del estallido de la burbuja de las empresas relacionadas con internet (llamada «burbuja informática» o «burbuja.com») y, sobre todo, antes de la quiebra financiera de las hipotecas *subprime* que arruinó brutalmente a muchos de los que recurrían al crédito hipotecario para comprar una casa.

Los Estados Unidos y los países que siguen su ejemplo, en Europa sobre todo, otorgan poco poder a los que hacen avanzar la producción, la ciencia, la educación, la salud pública o las artes. Así, el capitalismo financiero, impulsado por la política de las bajas tasas de interés del Banco de la Reserva Federal estadunidense durante la larga presidencia de Alan Greenspan, atrajo capital importante al mercado estadunidense. China, al contrario, elevó durante este periodo su ahorro hasta 50% del ingreso nacional, lo que permitió al Estado-partido invertir 40% de su producto interno bruto (PIB).

Un gran número de estadunidenses fue arrastrado así al gran torbellino de los créditos. Muchos particulares se endeudaron más allá de sus posibilidades, mientras el Estado se convertía en notable deudor de algunos países, en particular de China, que había adquirido gran parte de los bonos del Tesoro estadunidense.

La atmósfera de consumo desenfrenado que se difundió en varios países, y sobre todo en los Estados Unidos, aportó un apoyo *de facto* a los dirigentes de las finanzas que implementaban un sistema de operaciones financieras más aventurado que aquel en el que recaían las operaciones habituales de la Bolsa. Desde esta perspectiva, si podemos hablar de decadencia del capitalismo es debido a dos causas principales: la primera es la que ya se mencionó (operaciones de crédito cada vez más sofisticadas y cada vez menos controladas condujeron a la catástrofe económica de las hipotecas *subprime,* pero la opinión pública, a pesar de estar impresionada por el número de víctimas, no se movilizó para erradicar los efectos de la crisis), y la segunda se debe a que después de un cuarto de siglo de admiración generalizada ante la superioridad del sistema neoliberal, en los Estados Unidos en particular, los ciudadanos estadunidenses y sus primos europeos descubrieron de pronto la debilidad y los errores gigantescos cometidos por los grandes bancos, cuyas acciones acentuaron las desigualdades entre los más ricos y los más pobres.

Gran parte del mundo, debido a la globalización de la economía, se contaminó de los métodos nuevos del capitalismo estadunidense y sus efectos destructivos. Los «éxitos» del capitalismo financiero y de la demanda siempre más apremiante de los consumidores nos llevan a hablar de una crisis de la sociedad capitalista (más que del capitalismo), en la medida en que los actores de esta sociedad han quedado destruidos (incluso cuando su funcionamiento económico parecía satisfactorio).

La conmoción y el silencio

El derrumbe del sistema bancario internacional, y en primer lugar el estadunidense, causó una conmoción e hizo surgir miedos, pero no suscitó ninguna reacción masiva por parte de las víctimas, porque éstas no constituían un grupo social y político real, y los intereses de los asalariados no estaban más unificados que los intereses de los dirigentes, entre quienes también existían (se ha sugerido) numerosas divisiones y conflictos. En un primer momento, cuando los Estados Unidos y, en particular, el presidente y el secretario del Tesoro intervinieron vigorosamente para evitar la quiebra de los bancos, la opinión pública estadunidense y la europea no comprendían cómo el Estado, que se revelaba capaz de movilizar tantos miles de millones de dólares para mantener la actividad de los bancos amenazada de muerte por el simple bloqueo de los intercambios bancarios del día a día, podía aún oponerse a los aumentos salariales que eran, incluso, muy limitados, y sobre todo, cómo podía desentenderse de las víctimas de la crisis, en particular de la crisis inmobiliaria. De hecho, esas intervenciones generaron una sobreabundancia de liquidez que hipoteca hoy el futuro de los países que han sufrido las consecuencias de la caída del sistema bancario.

La mayoría comprendió finalmente que la cooperación masiva de los Estados era indispensable para evitar una catástrofe sistemática. Sin embargo, en algunos países europeos estas intervenciones modificaron radicalmente las reglas del juego a las que la opinión pública se había acostumbrado. Así, los errores que cometieron los dirigentes fueron poco sancionados y los más grandes «ladrones» pudieron lavarse las manos de sus acciones recibiendo condenas muy ligeras o, incluso, disfrazando tales acciones con las complejidades del sistema fiscal. No obstante, Joseph Stiglitz tenía razón al reprochar al presidente Obama no haber ayudado a los pequeños bancos, los cuales tuvieron un impacto más directo sobre los empleos.

De esta manera puede explicarse uno de los fenómenos más sorprendentes de la época en que vivimos: el silencio de las víctimas, incluso cuando la situación económica hubiera debido provocar reacciones que los sindicatos habrían podido transformar en protestas políticas. Nada de esto se percibió en la mayoría de los países. La llegada de Barack Obama al poder se debió a muchos factores, pero entre ellos no podríamos pensar en una marcada reacción de reivindicación, más cuando tradicionalmente los sindicatos tienden a pedir que se vote por el Partido Demócrata. Hoy los Estados son los que intervienen para resolver las crisis que ellos mismos han propiciado por el exceso de confianza depositada en la sabiduría de los mercados y los comerciantes.

La evolución reciente del sistema económico estadunidense tuvo efectos cuya importancia rebasó con mucho el nivel de las relaciones entre los actores sociales y el Estado. En la mayoría de los países, en efecto, ya no nos percatamos de los elementos de base que han desempeñado un papel tan grande en las sociedades industriales; en particular, el retroceso de los sindicatos es casi en todas partes manifiesto. Recordemos aquí que hay que llamar capitalista al sistema que recae en la polarización de la sociedad entre la élite que dirige los cambios y percibe las ganancias, y los que están sólo inmersos en la sociedad sin poder de influencia; esto conduce ya sea a rupturas violentas o a la «social-democratización» creciente del Estado cuando éste llega a asegurarse una gran capacidad de intervención en la vida económica. El capitalismo confiere una gran parte del poder a los entornos económicos dirigentes, pero éstos se supone que deben tener una gran conciencia del interés general y, así, los asalariados pueden tener acceso a las decisiones políticas. Ahora bien, esta imagen clásica, que ha prevalecido por tanto tiempo, ya no corresponde a la realidad.

Ya no podemos, en efecto, definir nuestra sociedad en términos de producción cuando los mercados financieros y sus efectos inducidos en el funcionamiento de los bancos o de los Estados son tan determinantes. Los dirigentes nacionales perdieron incluso su capacidad de acción desde el momento en que la economía se volvió ampliamente «global»; de tal suerte que hay una mayor proximidad entre los banqueros de Londres, Nueva York y Tokio, como lo ha mostrado Saskia Sassen, que en el interior de un mismo país entre los dirigentes económicos y los financieros que actúan según criterios diferentes, a velocidades diferentes y en terrenos muy diferentes entre sí.

Estas observaciones nos conducen a una primera conclusión: ya no vivimos en una sociedad en la que las clases sociales se disputan la repartición del resultado de la producción. El Estado actúa menos como un árbitro entre los actores sociales en conflicto que como un mediador entre la economía nacional y sus adversarios que intervienen en los mercados internacionales. De los actores político-económicos que recientemente ocupaban todavía un lugar importante en la sociedad, son pocos los que aún lo tienen. Por su parte, el Estado en 2010 ya no tiene casi nada en común con su homólogo de 1936 ni con el del New Deal. La gravedad del repliegue de los sindicatos se mide por la distancia que existe, en Europa, entre los últimos países que llegaron a tener sindicatos sólidos —como Italia, Suecia y Alemania— y aquéllos en los que los sindicatos perdieron gran parte de influencia. El Estado mismo no puede presentarse como una pieza central del sistema de democracia representativa. Ésta, de hecho, funciona cada vez menos. Los Estados Unidos han sido el mejor ejemplo de un sistema político democrático que se basa en una pirámide de niveles de elección y decisión que a menudo, para bien o para mal, hacen de la elección presidencial una expresión debilitada y muy indirecta de la opinión pública. Así, el éxito extraordinario del presidente Obama no puede explicarse sólo por la posibilidad de que se haya puesto fin a la exclusión política de los afroamericanos, sino mucho más por el rechazo masivo a la política de guerra del presidente George W. Bush. En todo caso, la representatividad social de las elecciones estadunidenses, aunque reducida, es en nuestros días superior a la de las elecciones europeas. En efecto, un primer ministro laborista inglés dejó que la *City* de Londres se convirtiera en un Estado dentro del Estado e involucró completamente a Gran Bretaña en una guerra encabezada por los Estados Unidos contra el Iraq de Saddam Hussein. En Alemania, la social-democracia se puso al servicio de una política liberal. Las acciones del presidente del Consejo italiano, Silvio Berlusconi, fueron dictadas más directamente por sus intereses personales que por un programa político, y Francia eligió un presidente de derecha que pudo incorporar a su gabinete personalidades de la izquierda. ¿Cómo olvidar también el fracaso de la creación de un sistema de seguridad social durante el primer mandato de Bill Clinton, fracaso que el presidente Obama acaba por fortuna de superar, no sin graves dificultades, para poner fin a la situación desastrosa de un país con niveles elevados de recursos y progreso científico pero incapaz de asegurar una protección mínima a un gran número de sus ciudadanos? Y de vuelta en Europa, observamos que los partidos de izquierda han dado prueba de absoluta impotencia frente a la crisis, y que ésta ha llevado al debilitamiento de las reivindicaciones salariales.

Todas estas observaciones en cuanto a las debilidades de los actores en la sociedad de hoy nos hacen avanzar hacia conclusiones que son lo contrario de lo que normalmente se presenta: el capitalismo sufrió una crisis grave, pero no ha salido debilitado de la crisis, y es incluso el capitalismo financiero, su principio activo, el que se ha levantado de nuevo con rapidez, por más que al final de 2009, la casi quiebra de Dubai por momentos alteró las principales sedes bursátiles.

¿Qué es una sociedad capitalista?

Lo que está en ruinas son los actores, los modos de dominación, los conflictos tradicionales y las intervenciones del Estado en el sentido clásico del término; en pocas palabras: la sociedad capitalista clásica. No obstante, sería un contrasentido creer que una sociedad capitalista es tal porque está completamente dominada por la economía capitalista y los intereses de sus dirigentes. Para un sociólogo, una sociedad capitalista no sólo es una sociedad cuya economía es capitalista, pues hoy la China de los sucesores de Mao, como la Rusia de Putin y de Medvedev, son economías capitalistas, como lo es, por lo demás, la Venezuela de Chávez.

Una sociedad capitalista no adquiere tal nombre sino en la medida en que los actores económicos en conflicto se disputan el control de los recursos disponibles en una *cultura* aceptada por todos y en condiciones que permiten al *Estado* intervenir, situación a la que es obligado por las víctimas de la gestión económica de los dirigentes capitalistas.

Esta presentación de las cosas, que bien puede perturbar a algunos ideólogos, es en realidad admitida *de facto* por casi todos, ya que los Estados social-demócratas, que dedican una gran parte de sus recursos al mejoramiento de la situación de sus habitantes, son igualmente capaces de hacer participar muy activamente a sus dirigentes económicos en la competencia internacional. Y si algunas políticas económicas de las últimas décadas pretendieron terminar con la idea de la representación de los actores sociales fingiendo creer, según los principios del *Consenso de Washington,* que la racionalidad del mercado debía suplantar a la irracionalidad de los actores, su hipótesis quedó al final probada como algo ridículamente falso a partir de los comportamientos reales del capitalismo financiero y de una buena parte de los dirigentes del capitalismo industrial. Se trata justamente de volver a tomar en consideración los objetivos no económicos del sistema económico, y esto sólo es posible si la economía capitalista se inscribe en una sociedad que habrá de rebasarla por estar constituida tanto de actores anticapitalistas y de Estados reformadores como de competitividad internacional y financieros codiciosos.

Los Estados, pues, hacen un llamado directo a finalidades no económicas, lo mismo sociales que ecológicas. Los principales conflictos ya no se dan en el interior de un sistema de producción, sino que oponen a la economía globalizada la defensa de los derechos que son estrictamente humanos, y no sólo sociales.

Si hay que hablar de sustitución de los actores sociales por actores morales, es con la esperanza de que, en la sociedad reconstruida, el poder dominante de los agentes financieros se vea limitado por el poder de iniciativa de los dirigentes industriales, pero también por el de todos aquellos que se oponen a la lógica no humana de la economía globalizada, así como por las intervenciones de los Estados que se han de preocupar por detener la irracionalidad de las maniobras especulativas y el incremento de las desigualdades sociales y del desempleo.

La contradicción, tan a menudo planteada, entre el economista puro y el ecologista preocupado por salvar la vida en el planeta debe ser considerada como una contradicción de igual naturaleza que la que enfrentaba a empresarios y obreros en la sociedad industrial. A quienes (todavía) exigen la abolición de la economía capitalista les convendría mejor trabajar por reconstruir una sociedad de producción capitalista, habida cuenta de que semejante sociedad no podría existir sin que los defensores de los asalariados limiten el poder de los actores económicos y financieros; habida cuenta de que, como ya dije antes, el aspecto más grave de la decadencia del capitalismo es precisamente la creciente debilidad tanto de los actores socioeconómicos como del Estado intervencionista.

Ampliemos ahora la perspectiva. Hemos descubierto rápidamente hasta qué grado nos hemos distanciado de los problemas relacionados con la producción y, así, hemos quedado desprovistos de las ventajas del capitalismo vinculadas con los grandes descubrimientos científicos y tecnológicos que permiten a muchos vivir más tiempo y otorgan protección a quienes han quedado fuera de la vida social activa. Tal sociedad, viva, creativa, transida de tensiones y conflictos, se ha convertido en algo casi irreal debido al tremendo grosor de la cortina de humo, de mentiras y de secretos que nos encierra en el mundo de lo inmediato. En este mundo el ser humano se ha vuelto incapaz de convertirse en lo que querría ser y de defender sus derechos más fundamentales.

III. La situación de crisis

El huracán financiero

No estamos acostumbrados a lidiar con problemas de esta magnitud. Muchas empresas están paralizadas por la crisis financiera, que no puede reducirse o resolverse más que por la inyección en la economía de liquidez en montos que rebasan, por mucho, sus posibilidades.

La crisis actual fue precedida por otras varias, menos masivas, pero que ponen en evidencia la fragilidad del sistema financiero. Por ejemplo, en 1990, la llamada «Savings & Loans Crisis», es decir, la crisis de las cajas de ahorro estadunidenses, desempeñó un papel importante en la recesión de 1991-1992. En 1995, la caída estrepitosa del Barings Bank en Gran Bretaña y luego, en 1998, el desmoronamiento de varios fondos especulativos anunciaron las tormentas que vendrían. El estallido de la burbuja informática en 2001, seguido del escándalo Enron (31 de octubre de 2001), la quiebra del fondo Amaranth y luego la crisis de las hipotecas *subprime* en los Estados Unidos en 2007 desembocaron en una crisis general. Con la caída de Lehman Brothers, el 15 de septiembre de 2008, se desencadenó la catástrofe.

Estas crisis que venían después de las que habían estallado durante el decenio precedente en Asia y América Latina, y después del bloqueo de la economía japonesa, tuvieron muy a menudo su origen en iniciativas financieras peligrosas y rápidamente adquirieron dimensiones gigantescas. La multiplicación de los productos derivados y la titulización, es decir, la transformación en títulos bursátiles de créditos que poseen los bancos, pusieron en juego, en 2007, 600 billones de dólares, es decir, 12 veces el PIB mundial.[1] La burbuja inmobiliaria más reducida afectó sin embargo 30 billones de dólares. En Gran Bretaña, la *City*, principal mercado bursátil mundial, representa una parte en el incremento del PIB. Estos universos financieros considerables desbordan ampliamente su base real, definida en términos de garantías económicas.

Algunos países son particularmente vulnerables: España, cuyo endeudamiento alcanza 160% de su ingreso disponible; la Gran Bretaña, donde alcanzó 140%; los Estados Unidos con 130%. En el plano social, el hecho mayor es el incremento de las desigualdades, en especial en los Estados Unidos, y sobre todo el disparado incremento del ingreso de los grandes dirigentes, que rebasa durante este periodo de 40 a 400 veces el salario del obrero mundial.

Hay que conceder una atención igual de importante a las transformaciones que el orden económico mundial sufrió en este mismo periodo. La primera —y más manifiesta— se refiere al papel cada vez más importante desempeñado por los países emergentes, los países BRIC: Brasil, Rusia, India y China. El comercio mundial se vuelve a organizar en torno a éstos: sus exportaciones de materias primas, sobre todo agrícolas, han alimentado la producción primero industrial y luego informática de los países del Norte. Algunos de ellos, China en primer lugar, desarrollan una producción industrial de alto nivel. El grupo de los países del Norte pierde así el dominio del contexto mundial, aun cuando conserve el monopolio casi total de la investigación, el desarrollo y la formación del capital. El G8 ha quedado de hecho remplazado por el G20, que abre sus puertas a los países emergentes, pero, al mismo tiempo, hay quienes hablan de un G2 (Estados Unidos/China) que tendría una capacidad de decisión y negociación muy importante, aunque los chinos rechazan esta idea. Europa salió debilitada de todas estas transformaciones y la economía del Norte, en especial la de los Estados Unidos, ha sufrido graves desequilibrios.

[1] El PIB mundial asciende a 50 billones de dólares; el de los Estados Unidos a 11 billones de dólares, y el de Francia a dos billones de dólares.

Fue necesaria la fuerte iniciativa de los Estados Unidos y el Plan Paulson de 700 000 millones de dólares de liquidez inyectados a los bancos y las grandes empresas, complementados por los 636 000 millones de dólares ofrecidos por el gobierno inglés, los 480 000 millones aportados por Alemania, los 360 000 millones de Francia (en parte bajo la forma de garantías), y las aportaciones menores de otros países, para impedir el desmoronamiento de la economía mundial. Fue un éxito tan brillante que rápidamente incitó a los bancos estadunidenses y de otras partes a reanudar su juego favorito, la especulación, tan pronto como pagaron sus deudas.

Más allá de estos datos cuantitativos, el cambio más importante por destacar es la caída de los *executives* (directores generales), cuyo poder en las empresas había sido acogido tan favorablemente por John K. Galbraith. Estos nuevos banqueros, lejos de encargarse del desarrollo económico provocaron el desmoronamiento del sistema bancario. Dicho de otra manera, lo que había sido visto hasta entonces como el triunfo de la racionalidad económica, el cálculo financiero, se vio desnaturalizado por bancos que buscaban ante todo el incremento de sus ganancias e incluso el enriquecimiento personal de sus dirigentes, como lo mostraron algunos escándalos (en primer lugar el de los 50 000 millones de dólares obtenidos por Bernard L. Madoff, antiguo director de Nasdaq).

Esta crisis mayor marca la culminación, el fuerte estruendo final de nuestra era neoliberal que sustituyó, a partir de la mitad del decenio de 1970, a la economía administrada, nacida después de la guerra, en una época en que sólo los Estados disponían de los medios necesarios para la recuperación de los antiguos países industriales y para el despegue de la economía de los países descolonizados.

La crisis no sólo altera la gestión y la gobernabilidad del mundo económico; ésta interviene además en una completa transformación de la cultura y de los valores, marcada por un interés más restringido por el trabajo, el deseo reafirmado, sobre todo entre los jóvenes, de vivir experiencias personales en lugar de participar en tareas colectivas muy a menudo despersonalizadas, y la difusión de nuevos modos de comunicación en la era digital.

Pero sobre todo, en el momento en que entramos en un nuevo tipo de sociedad y economía, nos damos cuenta de que nos acercamos muy rápido a los límites que no sabríamos franquear sin poner en riesgo de muerte nuestra existencia misma en el planeta Tierra.

Desde luego, la ruptura entre la economía financiera y la economía real que organiza la producción y distribución de los bienes y servicios que responden a la demanda, no es un hecho nuevo, y las crisis nacidas de semejante ruptura marcaron varias veces la marcha hacia delante de la producción y la productividad en diversos tipos de economía. Pero la excepcional gravedad de la actual crisis es la división en dos del mundo financiero: los bancos crearon un mundo financiero alejado de sus propias normas y sistemas de control y en estos productos derivados metieron los *hedge funds* y las hipotecas *subprime*.

Los expertos y los Estados

Dos razones complementarias justifican recurrir a la sociología en este campo de estudios que es, antes que nada, económico: en primer lugar, la ausencia (o la debilidad) de consideraciones sociológicas en los análisis presentados por la gran mayoría de los economistas; en segundo lugar, el hecho de que el método sociológico es el único que puede aclarar algunos aspectos de la crisis actual.

La cuestión del fracaso del pensamiento económico, o al menos de su *mainstream*, fue tratada vigorosamente por Paul Krugman, Joseph Stiglitz y, de manera detallada, por Norberto E. García, quien publicó en 2010 el libro *La crisis de la macroeconomía*. La idea central defendida por estos autores y algunos otros con pensamiento similar es que la razón principal del fracaso se debe al triunfo de un análisis tan clásico que debía tener la razón por sobre todos los demás. Vimos así constituirse —después del rechazo brutal del pensamiento de Keynes en los Estados Unidos— una alianza, casi una fusión, entre neoclásicos y neo-neokeynesianos. Este nuevo campo de pensamiento dominante se construyó en torno a los principios clásicos y fundamentales, como la hipótesis del comportamiento racional de los actores en la búsqueda de sus intereses y la construcción de un equilibrio general a partir de la vinculación de esos actores racionales y, como conclusión lógica, la capacidad del mercado para volver a establecer su propio equilibrio cuando éste se ve amenazado. Sin duda este pensamiento no es más que la traducción en lenguaje económico de la hegemonía estadunidense sobre el mundo, después de su victoria sobre el sistema soviético al final de una larga Guerra Fría. Desde este punto de vista, tal pensamiento económico podría entonces considerarse como una expresión ideológica de dicha hegemonía, sobre todo porque no deja ningún lugar al estudio de los actores sociales o políticos, rechazados por el modelo del actor económicamente racional. Esta ideología no dominó en todos los centros de investigación económica. Paul Krugman estableció así, con mucho humor, una oposición entre los «economistas de agua dulce», establecidos en la región de los Grandes Lagos (en especial en Chicago) y los «economistas de agua salada», que radicaban en la Costa Este (Harvard, el Massachusetts Institute of Technology [MIT], Yale, Columbia o Princeton) y en la Costa Oeste (sobre todo en Berkeley y en la Universidad de California en Los Ángeles [UCLA]). Pero dicha oposición es limitada y no debe ser comprendida como la expresión de un conflicto entre dos gigantes. En realidad fueron pocos los economistas, en ambas costas, que pudieron anticipar los mecanismos que condujeron a la crisis que conocemos y que fueron capaces de preverla. Joseph Stiglitz y Paul Krugman fueron algunos de los principales «heterodoxos» (lo que no impidió que ambos recibieran el premio Nobel).

La ideología estadunidense dominante fue, desde este punto de vista, la de una realidad exigente, construida bajo varios presidentes y en especial por Ronald Reagan; la llegada al poder de Bill Clinton no cambió nada.

Desde luego, no se trata de buscar en el silencio de la mayoría de los economistas el origen de la crisis. Eso equivaldría, por una parte, a sobrevalorar la influencia de los economistas universitarios y, por la otra, a infravalorar la de los dirigentes de los bancos y las empresas. Pero ya que la crisis actual se funda en una ruptura de las relaciones entre la economía financiera y los demás sectores de la vida social, resulta lógico subrayar que ese silencio y sus consecuencias negativas son inseparables del retroceso global del mundo occidental y, en particular, de la pérdida de los Estados Unidos de su hegemonía; lo que, claramente, no significa que haya perdido su superioridad en todos los ámbitos. La situación no fue muy diferente en Europa, cuya contribución al pensamiento económico fue, sin embargo, durante este periodo, más débil que la de los estadunidenses, con excepción (típica) de Gran Bretaña y, en especial, de la escuela de Cambridge, heredera de Keynes.

Para todo sociólogo, una crisis económica (y más, una crisis financiera) marca ante todo una ruptura, la descomposición quizá de una sociedad determinada, definida como un conjunto social en el que las relaciones de dominio o de conflicto, que pueden eventualmente desembocar en enfrentamientos violentos, se ven a menudo —y sobre todo en las sociedades llamadas democráticas— limitadas, pues los adversarios se hacen la misma idea de la vida social y comparten los mismos ideales en términos de conductas e instituciones. El caso de la sociedad industrial es claro: los dirigentes de empresas y los asalariados, que fueron los actores principales de los conflictos, compartían la misma idea del mundo económico; otorgaban así un valor positivo al trabajo, a la producción y, sobre todo, al incremento de la productividad que permite la elevación del nivel de los salarios y del bienestar. Por otro lado, los Estados, ya sea directamente o bajo la presión de las fuerzas políticas y sindicales, intervinieron de forma constante en los conflictos sociales, en especial en los países socialdemócratas, a favor de los asalariados o de los que eran excluidos provisionalmente o permanentemente del mundo del trabajo. Los dos objetivos principales del Estado eran reducir la desigualdad y dar la mayor seguridad posible a los asalariados. En Francia, un tercio del ingreso de los matrimonios proviene de las medidas de redistribución de la riqueza y la protección de los trabajadores, lo que tuvo consecuencias positivas al reducir la parte de los ingresos nacionales que se vieron directamente afectados por la crisis financiera y económica.

La crisis como tal no se resuelve ni se supera por la victoria de un campo social sobre otro. Por otra parte, siempre genera un aumento de las desigualdades, como recién ha sido el caso en los Estados Unidos, lo que hace más urgentes (y más difíciles) las intervenciones con objetivos sociales y políticos. Ahora bien, hay que saber que la reconstrucción de la sociedad mediante las intervenciones de los Estados y bajo el efecto de una misma concepción de la vida social por los actores en conflicto es el mejor medio para controlar la crisis.

Lo que caracteriza a la sociedad actual es que las intervenciones masivas del Estado permitieron la reconstrucción rápida de las ganancias de los bancos en tanto que el aumento del desempleo no cesará sino hasta tiempo después de que se haya redirigido la economía. La intervención de los Estados evitó, tras la quiebra del banco Lehman Brothers, una catástrofe, pero no logró recomponer el sistema socioeconómico, e incluso el presidente Obama no pudo imponer a los bancos las reformas que juzgaba indispensables.

Observemos a este respecto que si los economistas tienen razón al atribuir a la sobreabundancia de la liquidez y al endeudamiento de los Estados Unidos, lo mismo del Estado que de los particulares, las razones profundas de la crisis, eso no quita que el comportamiento de los más ricos, con la mentalidad de buscar ganancias *máximas*, desempeñó y sigue desempeñando aún el papel principal en la descomposición del sistema social, es decir, afecta toda posibilidad de intervención del Estado o de los asalariados en el funcionamiento de la economía.

Más allá de las sociedades de producción

El encuentro de los dos movimientos, uno hacia el dominio de la economía financiera y el otro hacia el cambio del modelo de producción, culmina en el hecho de que los problemas internos de las empresas pierden importancia ante la crisis financiera y el desempleo que ésta ha generado, y ante las transformaciones de la economía mundial. En el más alto nivel, hoy estamos ante todo preocupados por la amenaza que pesa sobre nuestra capacidad de supervivencia en una economía descontrolada. Pasamos del desarrollo técnico a la conciencia de un riesgo mortal inducido por la aceleración del efecto invernadero, por las cantidades cada vez más grandes de CO_2 que lanzamos a la atmósfera, por el peligro de inundaciones de vastas regiones costeras debido al derretimiento de los glaciares —aun cuando éste sea más lento de lo previsto—, y más generalmente por el aumento de la temperatura y el consecuente desplazamiento de las zonas climáticas. Todo ello nos condujo a cuestionarnos sobre la necesidad de renunciar a un modo de producción y de gestión de bienes que se había identificado con el progreso. La ecología política ha adquirido de golpe una importancia igual a la economía política y todo parece indicar que semejante mutación no podría operarse sin que se tomen decisiones a nivel global, y sin que se proceda a frenar el consumo —tanto en los países ricos como en los países emergentes, en particular China— que sea compatible con el aumento de los recursos de los países más pobres.

La costumbre que teníamos de buscar en las innovaciones tecnológicas la causa principal de los cambios sociales, e incluso políticos, así como la solución al subdesarrollo o al estancamiento del desarrollo debe abandonarse. Las contradicciones se acumulan a medida que nos alejamos de las políticas elegidas a nivel mundial, pues los problemas se mundializan cada vez más, lo que no significa que son más fáciles de resolver, como lo mostró la reciente conferencia de Copenhague sobre el clima.

Debemos desde ahora controlar la producción y el consumo tomando en cuenta las necesidades y posibilidades de todos los tipos de habitantes del planeta. ¿Pero cómo tomar en cuenta decisiones que hagan compatible el crecimiento de los países pobres con la disminución de los efectos negativos del modo de vida de los países más ricos? A partir de las reuniones mundiales de Rio, Kioto y Doha, nos hemos convencido de que todos los países, incluso los Estados Unidos, deben someterse a decisiones internacionales. La crisis actual nos invita a cuestionarnos acerca de las relaciones que existen entre todas estas necesidades: ¿nos exhortan a un proceso general de cambio?

Existen vínculos entre la manera en que una empresa depende de los mercados financieros, y la dependencia que muestran los individuos reducidos a consumidores dominados por la oferta del mercado. Así, el triunfo de la economía tiene efectos en todos los ámbitos de la vida personal y colectiva. La gran mayoría de las personas resiente cada vez con mayor dolor la dependencia a las campañas de publicidad y las políticas de precios por las que se sienten a la vez atraídas y sofocadas. En la medida incluso en que los asalariados no tienen la libertad de elegir su trabajo, un número importante de ellos se expone a problemas nuevos que no tienen la capacidad para manejar o solucionar. Suicidios, abandonos, enfermedades mentales, dan testimonio de esta destrucción de individuos que se dicen más responsables y más libres, y que están más expuestos a la estrategia de las empresas y los mercados. Todo esto contradice la ideología de las «relaciones humanas» que se funda en la esperanza de reconciliar la economía con las necesidades personales.

Lo que percibimos en realidad es que la administración de empresas expone cada vez más a los trabajadores desvalidos a los ataques de los mercados, y que la política de las empresas consiste en protegerse cada vez más de las tormentas exponiendo a los trabajadores de primera línea a la violencia de las mismas, sin importar cuál es su nivel de jerarquía. Las empresas tienen conciencia de su baja capacidad para actuar frente a los cambios que las afectan más directamente, y si un gran número de empresas presenta a menudo un bello optimismo, puesto que sienten que el Estado las protege, la verdad es que las pequeñas y medianas empresas viven su impotencia de manera aguda. Se esfuerzan por «apretar los pernos», es decir controlar estrechamente todos los aspectos de su funcionamiento. El discurso «humanista» que estaba de moda al comienzo de la posguerra, por consecuencia, casi ha desaparecido, pues las declaraciones generosas no tienen ya ninguna influencia en las decisiones que hay que tomar ni en los problemas que se deben resolver.

Se refuerza, pues, la hipótesis ya presentada aquí, a saber: que lo esencial de la crisis es, más allá de la quiebra financiera, una mutación que tiene una profundidad mayor que todas las que habíamos conocido en el pasado, porque no sólo se trata de modificaciones tecnológicas, sino de nuevas relaciones sociales (que exponen cada vez más directamente a los trabajadores al estrés que provoca la presión directa del mercado). Lo esencial ya no está entonces en la «buena administración» de la empresa, porque en todos los casos debe someterse a las necesidades del mercado. Paralelamente, la antigua idea del determinismo tecnológico desapareció; las investigaciones cuyo objetivo es aumentar la productividad mantienen, desde luego, su importancia, pero se han convertido en necesidades secundarias. Más importante es la capacidad de una empresa para movilizarse en un mercado imprevisible.

La empresa era ante todo un conjunto de máquinas y un presupuesto. Hoy en día es un sistema confrontado a peligros multiformes cuya dimensión financiera resulta dominante.

La cuestión de la sociedad industrial centrada en la empresa y su voluntarismo ha sido desbancada por otra aún mayor: un gran número de libros y declaraciones proclaman que el trabajo es una noción caduca, que nuestras sociedades serán a partir de ahora sociedades de investigación y de comunicación. Algunos se atreven a hablar incluso de una sociedad de ocio y ya anuncian la desaparición de los obreros. No hace falta ya considerar como sólidas aquellas ideologías que presentan el trabajo como la actividad más noble y que puede formar seres de gran calidad humana. Un discurso como tal sólo tiene por objeto rehabilitar la visión optimista del capitalismo occidental. El fracaso de la URSS y de las democracias populares incita a admirar a los países occidentales que, antes que los demás, supieron elevar la producción y la productividad y así mejoraron las condiciones de trabajo y vida de los asalariados. Ahora bien, es evidente que si el trabajo no se volvió secundario en nuestras vidas, el devenir de nuestras sociedades, en un futuro inmediato, está amenazado más directamente por las crisis del sistema financiero que por las condiciones de trabajo de los asalariados. Estos últimos son ante todo víctimas, y tampoco podemos imaginar que la solución de la crisis se encuentre en el retorno al obrerismo, al elogio permanente del trabajo y de los trabajadores.

IV. La descomposición de la vida social

El fracaso de la conciencia

Es preciso distinguir la historia de una crisis financiera y económica de la transformación que nos hace pasar de un tipo de sociedad a otra, como se pasó, por ejemplo, de una sociedad preindustrial a una sociedad industrial en el siglo XVIII, en Gran Bretaña, y a mediados del siglo XIX en Francia y otros países. Nuestras hipótesis deben elaborarse ante la perspectiva de una transformación tan importante como ésta. Esto nos aleja en apariencia de las preguntas que apasionan a la mayor parte del público: ¿saldremos de esto?, ¿en cuántos años?, ¿a qué precio? Nadie puede dar hoy una respuesta segura a estas preguntas. No obstante, después de dos años hemos visto, por una parte, que no se producía un derrumbe general y, por otra, la elección de Barack Obama que ha aumentado nuestras esperanzas en un cambio positivo. Es cierto que de febrero a mayo de 2010 el colapso de la economía griega, primer signo de una crisis monetaria general, amenazó enormemente a una Europa que, sin embargo, ha sabido reaccionar. En una crisis, como en un huracán, las intenciones y los propósitos de las personas implicadas cuentan muy poco; lo mismo ocurre en el proceso de creación de una nueva sociedad.

Ya hemos recorrido la mitad del camino: el pasado desaparece, nos alejamos de él. Así resulta más fácil escrutar el mundo que viene. Nuestra separación del modelo económico en crisis está ya muy avanzada: ya no oímos cantar las glorias del neoliberalismo y éste, ahora, ya no parece triunfante. Hemos descubierto con estupor que un número impresionante de grandes ejecutivos y directores se comportaron como ladrones o estafadores. En pocos años, se ha invertido la imagen de los hombres que dirigían los bancos y las grandes empresas, sobre todo en los Estados Unidos, lo que no significa, claro está, que todos sean merecedores de oprobio. Todo sucedió durante algunos meses (o algunos años), como si el mercado, en el cual el liberalismo depositaba su confianza, se hubiera transformado en una multitud de centros de decisiones, a veces clandestinos. Los bancos más grandes aún buscan defender sus privilegios, pese a la reacción pública de los afectados por la crisis.

Los neoliberales han querido hacernos creer que las leyes de la economía se nos imponían, que no podríamos controlar la coyuntura, y menos aún liberarnos de realidades «estructurales». Así pues, son precisamente los defensores de este determinismo económico los que hoy resultan ser los principales responsables de la crisis; la han desatado y la han desarrollado al olvidar —en aras sobre todo de sus intereses personales— las necesidades de las empresas que, para sobrevivir, deben luchar permanentemente. La economía financiera se ha separado de la economía real, y ésta ha roto sus lazos con la sociedad, de la que debería ser indisociable. Rara vez hemos oído hablar hasta ahora de trillones de dólares o de euros, y no obstante es a esta escala que debieron hacerse las intervenciones para que la moneda, congelada por el miedo, volviera a circular en cada banco y entre bancos. No creemos, sin embargo, que baste condenar a algunos responsables. Si la importancia de ciertos hombres ha sido quizá muy grande —en particular la de los gobernantes— y si por el contrario la opinión pública no ejerce gran influencia —pues interviene demasiado tarde— es siempre posible para los gobiernos, como lo descubrió Keynes, reconstruir lo que ha sido destruido o se ha tambaleado por la acción de una decena de aventureros y centenas de *traders* pagados con otras tantas centenas de euros. Estas simples anotaciones tienen como objetivo apuntalar la hipótesis de que sería peligroso concentrar nuestra atención en las consecuencias de la crisis y en la manera de salir de ella, cuando lo que vivimos debilita en su conjunto a la sociedad, convirtiéndola en una víctima de los financieros. De ahí que sea urgente elaborar nuevas categorías de análisis: de tal modo la crisis es a tal grado un teatro sin actores, y la salida de la crisis y la formación de una nueva sociedad dependen de iniciativas que deberán tomar los gobiernos, o que serán impuestas por las víctimas mismas.

El silencio de los partidos y los sindicatos

¿Cómo sucede que en nuestros países, aunque informados y democráticos, los truenos que precedieron a la crisis no hayan sido escuchados? Si las crisis sociales, cierres o desplazamiento de las empresas antes habían provocado reacciones de ira y ansiedad, algunas muy violentas, ¿por qué ahora nadie accionó la alarma? No basta ciertamente denunciar a partidos y gobiernos, también hay que poner en tela de juicio los mecanismos que han impedido tanto a los militantes como a los observadores comprender bien la situación y actuar. Tomemos el caso italiano. La crisis de la izquierda del Partido Democrático (PD), crisis que puede agravarse aún más, vuelve poco probable el despertar político de los italianos. Ya sea de origen comunista o bien como el partido Die Linke («la izquierda», resultado de la escisión del partido socialdemócrata alemán y robustecido por el antiguo partido comunista de Alemania Oriental bajo el dominio soviético), la extrema izquierda europea critica y vocifera, pero no tiene la fuerza suficiente para actuar. También los sindicatos retroceden y ningún sistema de protección contra la crisis ha sido propuesto.

La razón principal de la debilidad de los partidos europeos es que, después de haber creído en la filosofía del progreso, llena de voluntarismo e incluso de idealismo, la han abandonado después de la primera Guerra Mundial y la Revolución soviética. Antes, la idea dominante era que la crisis general e ineluctable del capitalismo solamente podía ser superada por la acción revolucionaria si ésta le daba un sentido nuevo a la idea de progreso. El joven Georges Friedmann ha señalado esto en *La Crise du progrès* (La crisis del progreso), libro que escribió cuando todavía era cercano al Partido Comunista. En Francia, el Partido Comunista, que se plegaba a la línea fijada por Moscú, asignó al sindicato dominante el papel que debía asumir. Un gran número de intelectuales se ciñeron más o menos por largo tiempo a esta visión dramática que sometía a los hombres a los decretos del Partido. La URSS, que había salido victoriosa de la guerra contra la Alemania nazi, impuso su voluntad a la mitad de Europa, lo que provocó en la otra mitad una represión, más o menos fuerte según el país, contra el Partido Comunista —y este último sacó de ello buena parte de su prestigio—. La segunda mitad del siglo XX, hasta 1989, estuvo entonces dominada por la ambivalencia de los intelectuales en relación con el comunismo. Pretendían permanecer fieles al ideal revolucionario pero, dado que éste no podía ser realizado, quedaron encerrados en una crítica sistemática del mundo occidental que los condujo a ataques violentos contra ese mismo idealismo, pues, según decían, disimulaba la omnipresente opresión de la clase dominante.

Como no podían suprimir ni el capitalismo ni a los Estados Unidos, tomaron como blanco de sus críticas la idea misma de *sujeto,* cargándola de todos los crímenes. Esta coartada de la acción revolucionaria consiguió destruir la acción política, en un marco democrático muy debilitado por la presencia del modelo comunista, patente hasta el final del mandato de François Mitterand. De ahí el entusiasmo de los estudiantes y profesores por cierto trotskismo que reinterpretaron de manera arbitraria, y más tarde por filosofías sociales como la de Pierre Bourdieu, cuya noción de *habitus* deja apenas un escueto margen a la iniciativa de los actores. Los filósofos aprovecharon esto para mantener a raya a los sociólogos, quienes no aceptaban la supresión de los actores.

Cuando se anunció —y luego estalló— la crisis, las fuerzas que habían acompañado al movimiento revolucionario desde 1917 se habían reducido ya al silencio, sobre todo luego de 1958 y después de que el sindicalismo de autogestión en Francia hubiera dado sus últimos coletazos durante 1973 en la fábrica Lip. Los Lip fueron los últimos en hacer gala de la voluntad de echar a andar una empresa no capitalista animada por el desarrollo, en parte cristiano, de un tema revolucionario. La caída de este antiguo modelo fue más dramática en Italia, donde, tras algunas manifestaciones en contra de las empresas y sus dirigentes, el terrorismo se apropió de las organizaciones más cercanas al modelo revolucionario, lo que desembocó en los llamados «años de plomo» con sus atentados, y derivó finalmente en el asesinato de Aldo Moro, demócrata cristiano que se había propuesto llegar a un acuerdo con los comunistas.

Incluso después de 1989 y la caída del muro de Berlín, y sobre todo en el momento de la gran huelga de 1995, la debilidad de la capacidad revolucionaria en Francia era evidente, pese a los llamados a la acción de *Le Monde diplomatique* y de Pierre Bourdieu. El miedo a perder el empleo no explica completamente la debilidad de la acción reivindicativa y crítica. Los intelectuales poscomunistas habían ejercido poca influencia. Los que resistían no podían actuar, paralizados por su marginalidad, y no iban más allá de un pensamiento que volvía imposible toda acción. El desastre económico y social de 2007-2009, cuyos efectos se dejarán sentir aún por mucho tiempo, vio acumularse las pérdidas, mientras reinaba un silencio casi absoluto, tanto del lado de los intelectuales como entre los militantes. Lo mismo vale para la crítica intelectual extrema que sólo engendra silencio e impotencia si no genera reformas o no es retomada por un partido revolucionario.

La responsabilidad de los intelectuales

Estas observaciones, en sí poco cuestionables, son sin embargo insuficientes para explicar el silencio y la impotencia de las víctimas y de sus representantes políticos. En la crisis actual lo que más sorprendió a los observadores fue la ausencia de reacción de los asalariados ante el repliegue de su participación en el ingreso nacional. ¿Pero cómo explicar tal fracaso de la socialdemocracia? El ejemplo contrario de los países escandinavos muestra que esta retracción de la socialdemocracia no era ineluctable, y tiene entonces causas seguramente más políticas que económicas (lo cual corrobora el argumento de ciertos dirigentes socialdemócratas como Michel Rocard en Francia, quien insistió en convencernos de que la debilidad cada vez más evidente de la socialdemocracia era antes que nada su incapacidad para asumir la defensa de los asalariados). El razonamiento es justo, pero el problema permanece: ¿cómo explicarse esta debilidad? No es por los errores o las desviaciones de uno u otro dirigente, como Guy Mollet en Francia, quien no dudó en tomar la dirigencia de la lucha contra el Frente de Liberación Nacional (FLN) en Argelia.

Esta constatación, sin embargo, no soluciona nada de la crisis actual, pues se contenta con esclarecer la causa de la impotencia entre las principales fuerzas sociales y políticas provenientes de la sociedad industrial que deberían mantener su capacidad de acción en la sociedad de hoy. Es evidente que, si queremos influir en el mundo emergente, tenemos que comprender que el desarrollo duradero (o sustentable) sólo podrá obtenerse por una acción voluntaria, y que esto implica comprender que no podemos poner nuestras esperanzas en la reconstrucción del pasado, sino en nuestra capacidad para crear un mundo nuevo.

Esta tarea no es ni más ni menos difícil que derribar una monarquía, cuestionar el poder industrial o reconocer el derecho a la diferencia. Para asumirla, hay que mudar de punto de vista y comprender los cambios que producen modificaciones a largo plazo, aunque éstos no puedan resolver la crisis.

Lo universal y lo particular

Para entrar en el nuevo mundo hay que actualizar los factores que determinan, por un lado, la conciencia común de pertenecer a un mismo momento histórico y, por el otro, la voluntad de cada uno de defender su identidad, es decir su diferencia. Este tema es familiar para los sociólogos, quienes, durante mucho tiempo, se han divido en dos grupos en este punto. Por un lado, los que creían en la universalidad de la Ilustración y, por el otro, los que intentan reconocer la particularidad, la especificidad de cada grupo humano respecto a otros. Ahora descubrimos, un poco tarde, que lo particular y lo universal no se encuentran en oposición.

Estamos en un mundo que se caracteriza por el hecho de que somos todos iguales pero también diferentes. Desde el momento en que los cielos se vaciaron y las profecías políticas fueron desmentidas nos volvimos conscientes de que habíamos inventado imágenes de nosotros mismos que nos permitían actuar en un mundo donde los derechos de los individuos podían ser reconocidos como universales. Y en el momento en que algunos creían haber terminado con la mirada humana, entramos en un mundo donde la acción se ejerce en un medio que nosotros mismos hemos construido. Hoy en día, la universalidad de nuestra condición de seres humanos dotados de los mismos derechos se afirma sólo dentro de este mundo al cual dan forma nuestros conflictos, proyectos y negociaciones. Esta creación de un mundo «humano» choca con la violencia y el desprecio de los imperios; afirma, por el contrario, los derechos de cada individuo, universales en la medida en que son independientes de la fortuna, del poder político, de la autoridad religiosa o del estatuto familiar (lo cual no quiere decir que los seres humanos se hayan vuelto todos iguales, sino que reconocemos mejor que antes lo que tienen en común individuos y grupos que ejercen funciones y ocupan niveles muy diferentes en la vida social). Los poderosos, los pobres y los indocumentados viven en mundos separados, pero son «iguales en derechos», igualdad proclamada por la enseñanza de Cristo en los Evangelios, pero presente en las otras religiones y en la filosofía de la Ilustración a través de la idea de la laicidad.

Brevemente, el espacio humano en el que hemos entrado traduce una exigencia de igualdad que no deja de extender el derecho a la vida sobre todas las categorías sociales del planeta, como lo testimonia la sensibilidad de la mayor parte de las luchas humanitarias llevadas por los que no son objeto de las desigualdades que afligen a algunos durante toda su vida desde el nacimiento.

Combinar la igualdad y la diferencia no es un problema fácil de resolver, pero se encuentra presente en el corazón de nuestras creencias y ejerce por ello una gran influencia en nuestras prácticas, especialmente en las sociales.

¿Se anuncia, pues, el fin de la sociedad?

Es cierto que a falta de sociólogos, los escritores y periodistas de los siglos pasados habían revelado a todos la miseria de los niños, la brutalidad de sus patrones y sus padres, el alto número de crímenes pedófilos impunes, etc. El mejoramiento de las condiciones del nivel de vida en la mayoría de ciertos países ha contribuido a reducir estos sufrimientos, pero la sed de consumo ha llevado a los pobres a poner muy por debajo de ellos a los muy pobres para distinguirse. Si se ha vuelto difícil o imposible hablar de clases sociales, no es porque las relaciones sociales se hayan suavizado, sino porque las grandes categorías sociales se han fragmentado en grupos más reducidos, lo que conlleva no sólo una diferenciación entre ellas, sino también conductas contrapuestas (sobre todo en categorías como los trabajadores inmigrantes, que suscitan el rechazo de cierta parte de la población).

Cada una de estas palabras invitaría a desconfiar de este vocabulario, usado en el siglo XIX por los dirigentes de las primeras organizaciones obreras. ¿Qué relación hay entre los obreros calificados, muchos de los cuales de hecho se han vuelto técnicos, los asalariados no calificados sin empleo y la masa creciente de excluidos que llevan una existencia precaria? Esta última categoría representa casi siempre 10% de los activos de un país industrializado y, cuando las crisis —como la que vivimos— se abaten sobre el empleo, esta cifra se eleva rápidamente hasta 15, 18 o 20% de la población. En estas categorías la diversidad es grande, y resulta entonces imposible representar a la sociedad como una pirámide en la que todos los niveles estarían dotados de características fuertemente marcadas. Apenas medio siglo después del periodo de reconstrucción que siguió al fin de la segunda Guerra Mundial, la crisis económica, el aumento del desempleo y la incapacidad para adaptarse de la enseñanza general y profesional han hecho aparecer la vida social como una tierra minada por la pobreza y la impotencia, que se instala en el corazón mismo de muchos sistemas políticos tanto de izquierda como de derecha.

La sociedad ya no existe. Esta frase, que he pronunciado en otras ocasiones, es más fácil de comprender ahora porque las diferencias y las relaciones entre grupos ya no permiten percibir los grandes conjuntos que antes llamábamos clases sociales, y que corresponden a modos de vida y de relaciones sociales específicas. Entonces hay que mirar hacia otras clasificaciones de hechos observables que puedan dar cuenta de elementos positivos (aunque no menos negativos), que se perciben en todos los niveles de la organización social. Desde hace 20 años se ha hablado menos del triunfo de los ejecutivos (directores) que de sus derrumbes, cuando sus competencias técnico-económicas se vieron aplastadas por el enorme poder del dinero y el aumento de las desigualdades, al menos en los Estados Unidos. Los cambios han sido tan rápidos que incluso las categorías que parecían mejor establecidas, esas que llamamos profesiones, y que no eran solamente «liberales» (médicos, profesores, profesiones jurídicas, cuadros básicos e incluso los cuadros superiores de las empresas) se sienten en caída libre, como lo testimonian en Francia el descontento y las manifestaciones cada vez más numerosas y radicales de profesores, el personal de salud y los trabajadores de la función pública. Si aceptamos que las coacciones del poder, las costumbres y las creencias se han diluido o han desaparecido, hay que aceptar la pertinencia de numerosas quejas presentadas por los defensores del viejo orden cuando denuncian la violencia, las rupturas familiares, las crisis psicológicas, el aumento de crímenes y delitos (que van desde la falta de civilidad hasta los ataques a mano armada y el asesinato). El relajamiento de los lazos sociales da la impresión de que somos arrastrados por un tornado que no podemos evitar.

No se trata de elegir entre una perspectiva de la liberación obtenida por la lucha y esta inseguridad que abre la vía a la represión. Más bien necesitamos nuevos criterios de evaluación.

La necesidad de dinero impera en ese gran número de personas que viven en la pobreza o el desempleo, pero todos, tanto asalariados como excluidos, sufren de una falta de comunicación (o incluso de intimidad). Nos complace oponer la calidad de las relaciones íntimas y el gusto de las grandes obras culturales a esa «cultura de masas» que por mucho tiempo ha sido despreciada en oposición a la «alta cultura», pero quienes así piensan no comprenden el mundo en que vivimos, puesto que su imaginario personal está habitado más por personajes de películas y del teatro que por padres más o menos lejanos, amigos temporales y viejos camaradas de escuela. Es precisamente este tipo de experiencia lo que permite llegar a la mayoría y descubrir ya no un tipo social, sino lo contrario, a saber, ese conjunto de figuras a través de las cuales aprendemos a descubrir la presencia en nosotros del sujeto humano. La capacidad (presente o ausente) de cada individuo para respetar al sujeto en sí mismo y en los demás es lo que sustituye a la jerarquía de la que estaba hecha el mundo precedente. El héroe enamorado se presentó a menudo como quien pretende liberarse de los límites de lo prohibido, pero sucumbe por impotencia ante las barreras sociales o geográficas que la espesura del colectivo opone a la fragilidad de lo individual (e incluso así planteado, se otorga demasiado rápido la victoria a las normas colectivas). Hoy, la experiencia individual es lo que nos hace capaces de descubrir al otro y a esos otros que nos harán comprendernos mejor a nosotros mismos.

Se suele decir que el desarrollo rápido de la cultura de masas conlleva la disolución o el debilitamiento de las culturas de medios particulares —y sobre todo de culturas nacionales, regionales o profesionales—. La realidad observable es muy diferente: la mayoría de los países o de regiones conocen una cultura nacional muy específica. La cultura de masas se desarrolla sobre todo en donde estas culturas particulares están ya debilitadas, por ejemplo en las grandes metrópolis. No hay paradoja alguna en afirmar que el desarrollo de la cultura de masas va de la mano con una individualización de las prácticas culturales. Las culturas socialmente definidas se vuelven más débiles que las relaciones interpersonales y que las grandes imágenes llevadas por las tecnologías nuevas, cuyo carácter de masa aumenta la posibilidad de internarse en lo más profundo de la experiencia y del imaginario colectivos. La cultura de masas tiene un impacto cada vez mayor, pero establece también lazos más estrechos con la experiencia personal, como lo muestra el uso de internet —lo que no por ello impide que la cultura de masas cargue con «productos» de un bajísimo nivel, cada vez más difundidos—.

Desde hace mucho tiempo los sociólogos —a partir de Paul Lazarsfeld— han evidenciado el contrasentido en el que incurren quienes creen ver en la cultura de masas un aparato de protección de los privilegios y una posibilidad de destrucción de la capacidad de acción de sus adversarios poderosos. Estos sociólogos han demostrado que el universalismo planteado por la Ilustración, de un lado, y la particularidad de todas las formas de emergencia del sujeto en situaciones particulares, individuales o colectivas, del otro, son aspectos absolutamente complementarios. Hay que desechar de una vez por todas la estéril oposición entre alta cultura y cultura popular, habida cuenta de que, gracias a las modernas capacidades de comunicación, los temas que se pueden extraer de las grandes obras han podido difundirse a todo lo largo y ancho de la Tierra.

V. El lucro contra el derecho

Si la crisis, sus causas y sus consecuencias pudieran ser explicadas en términos de coyuntura, podríamos limitarnos a investigar las condiciones necesarias para salir de la crisis, pero esta visión es a todas luces demasiado estrecha, como lo enfatizó Robert Reich, antiguo ministro del Trabajo del presidente Clinton, al señalar que la crisis que nos afecta no es cíclica, sino sistemática.

Dicho sociólogo piensa que nos enfrentamos a algo más que a una simple crisis de coyuntura: se trata de resistir con eficacia a una amenaza de destrucción. Tenemos que apoyarnos en un principio suficientemente fuerte para movilizarnos contra el todopoderoso lucro. Sólo un principio, moral no menos que social, puede resistir a la fuerza del dinero, como siempre lo han sabido los reformadores y los revolucionarios.

¿Cómo defenderse?

Ya sabemos que la crisis es global, que destruye todos los intereses particulares e impone a todos la ley impersonal del mayor lucro. Hay entonces que descubrir, por encima del mundo social, una fuerza capaz de resistir a un poder a su vez proveniente de dos fuerzas que destruyen la vida social y política: la globalización de la actividad económica y la lógica del lucro. Los altermundistas fueron los primeros en comprenderlo, pero no fueron más allá de una crítica económica y tampoco propusieron solución alguna. Más moderados y realistas son los que, apelando al «desarrollo sostenible», han seguido a Al Gore en su denuncia de lo que amenaza la vida en el planeta, pero siempre pretendieron ceñirse a la difusión de ideas y emociones que, según dicen, pueden movilizar la resistencia contra las fuerzas destructivas. En ambos casos, nos encontramos por debajo o más allá de lo social.

Elevarse por encima de los aspectos propiamente sociales de la crisis no significa que uno vaya a considerar toda intervención humana imposible, sino —lo que es muy diferente— que toda representación justa de los seres humanos y sus derechos no puede descansar sobre un contenido exclusivamente social. Las religiones, siguiendo una lógica que reduce a poco la intervención humana, lo han sabido siempre, en la medida en que dicha lógica proyecta el principio de defensa de los derechos humanos lo más lejos posible en el espacio y en el tiempo: según éstas, las fuerzas «sobrehumanas» pueden por sí solas «mover montañas» y resistir a la lógica del interés. Hay que seguir su ejemplo para aceptar una imagen no totalmente social de los seres humanos y desentendernos de las simplificaciones del positivismo.

Ya hemos visto combates entre dos fuerzas opuestas no sociales: por un lado la racionalidad instrumental y, por el otro, el espíritu de resistencia. La desaparición de lo social a este nivel más elevado deja a la lógica del *cálculo* cara a cara con la lógica de la *conciencia,* que se niega a verse reducida a las necesidades materiales y afirma, cada vez más rotundamente, que los principios, las reglas y las formas de organización de la sociedad deben de ser legitimados por sus efectos en esta conciencia de sí. Nuestro mundo está dominado por el enfrentamiento de dos principios, *ninguno de ellos social,* pero puede decirse que uno es «natural» y el otro «espiritual», es decir que descansa sobre la conciencia de los seres humanos de poseer derechos y conocer su razón de ser. ¿Esto quiere decir que el individuo es un invento de los dioses? No, más bien los dioses son inventos del hombre, pues son representaciones de sus derechos fundamentales, superiores a la organización social. Las imágenes antropomórficas nos resultan cada vez más inútiles, porque, en la situación actual, los derechos del sujeto humano que aportan al individuo empírico sus derechos y concepciones del bien o del mal se introducen en un ser individual o colectivo. El camino de las religiones es entonces paralelo y opuesto al del pensamiento moral, pero no contradictorio; si la idea del sujeto no pudiera considerarse una forma moderna del espíritu religioso, podría decirse que las *religiones* son formas del sujeto «veladas», exteriorizadas o proyectadas a lo lejos.

La tradición cristiana ha comprendido, más fácilmente que las otras, la doble cara de cada ser humano, concebido a la imagen del Dios hecho hombre y del Hombre-Dios. Estas fórmulas explican por qué los cristianos son los principales fundadores de la moral moderna, pues supieron encontrar al Sujeto en el interior del individuo. Este regreso del ser humano, y por lo tanto la supresión de formas indirectas, «veladas» del sujeto, permitió en el mundo moderno (en ciertas partes al menos) tomar conciencia de la oposición directa que existe entre las lógicas naturales materiales por un lado, y la lógica de la conciencia por el otro, pues esta última conduce al sujeto humano a reconocerse como quien lleva su propia legitimidad y garantizó al individuo sus derechos, que se volvieron universales.

La desaparición de lo social no nos encerró en un mundo de necesidad y actos individuales de «pura realidad», como dice la crítica de Jean Baudrillard. Al contrario, nos vimos cada vez más orillados a colocar al individuo amenazado bajo la protección del individuo-sujeto, creador de sus propios valores tanto en sus conductas individuales como colectivas.

¿Por qué considerar irreal la idea de que los dioses se transformaron en hombres (hombres que descubrieron por sí mismos su doble naturaleza de individuos y sujetos, y que introducen sus derechos de sujetos humanos en su existencia individual)? Las religiones deben, a como dé lugar, ser *des-socializadas* —separadas de los poderes económicos y políticos, étnicos o genéricos que las maniatan—, pues su inspiración no social aparece mejor cuando sus significaciones sociales desaparecen, porque entonces se les reconoce como formas «veladas» de los derechos universales de los seres humanos.

Este universalismo, ya lo sabemos, al final emerge de caminos muy diversos. Si bien hay sólo *una modernidad,* hay en cambio *muchos caminos hacia ella.* Sea como fuere, la historia moderna de la moralidad es antes que nada una retracción de lo sagrado que da lugar a la creación del hombre por sí mismo, a la conquista por cada individuo de sus derechos universales, sus derechos como ser humano, derechos que constituyen los órdenes del bien y del mal.

El uso de la moral

¿Por qué no reivindicar el uso de la moral, enriquecida por la noción de ética, cuando los principios de la moral deben aplicarse a situaciones particulares? Los conceptos de igualdad, justicia y solidaridad constituyen, sin embargo, lo esencial de los sistemas políticos y jurídicos —elementos de la vida democrática—, pues nada es más peligroso que someter las decisiones de orden jurídico al interés y al orgullo de los príncipes. El ejercicio del derecho debe, al contrario, mejorar lo más posible la situación de los dominados, pero respetando el papel de los dominantes mientras no atente contra el derecho de todos. Desde hace medio siglo hemos recorrido un largo camino en esta dirección. Poco después de la segunda Guerra Mundial, la Declaración Universal de los Derechos del Hombre, convocada por Eleanor Roosevelt y redactada por las Naciones Unidas bajo la influencia de René Cassin, intentó ser primero un instrumento de lucha contra los totalitarismos y las violencias multiplicadas por la destrucción de todas las formas anteriores de control de la conducta, pero a medida que los derechos concretos se veían más pisoteados, vimos afirmarse la defensa de derechos cada vez más definidos como éticos: los derechos de los enfermos, los de los prisioneros o las minorías nacionales, religiosas o étnicas, los derechos de los homosexuales y otros grupos que practican formas de relacionarse sexualmente aún rechazadas por la ley. En todos estos dominios de la vida los intereses morales se impusieron, si bien no tanto como para llegar a derribar el poder de los poderosos, al menos sí lo suficiente como para crear nuevas formas para defender los derechos de todos. Se ha discutido, e incluso rechazado, el derecho de injerencia como lo ha defendido Mario Bettati y Bernard Kouchner. De todos modos este debate logró que se aceptara la idea de que la soberanía nacional tiene límites, y que éstos se violan cuando dentro de la frontera de la nación se cometen atentados contra los derechos fundamentales. Cada vez hay más principios éticos y morales que convierten en criminales a quienes no los respetan, pues a veces sus crímenes son particularmente graves y deben ser condenados, como en el caso de las masacres y los genocidios.

El objetivo por alcanzar —hay que decirlo tan claro como sea posible— es diferenciar los derechos fundamentales de las ideologías sociales. El poder temporal y el poder espiritual se habían separado cada vez más en Europa occidental y en América del Norte, hasta el brutal retroceso con los regímenes totalitarios. Hoy en día hay que censurar tan vivamente como sea posible a los que confunden el derecho y la autoridad social. Para ello, es preciso colocar los derechos humanos lo más cerca posible de la vida cotidiana. Los comités de ética y las asambleas populares tienen razón cuando consideran que la condición previa para que los culpables pidan perdón a las víctimas es el reconocimiento de sus crímenes. Las organizaciones no gubernamentales (ONG), los peregrinos o los grupos de autoconocimiento ganan importancia e influencia incluso cuando las grandes instituciones religiosas continúan perdiéndolas. Poco a poco, la conciencia se coloca por encima de la ley, y la ley por debajo de los intereses y las identidades. No podría decirse, sin embargo, que la moral supere cada vez más al poder, sino sólo que el juicio moral se acerca cada vez más a las conductas individuales. Las decisiones más prácticas se separan así de los principios y de las leyes. Los protocolos de la ética médica clínica ilustran esta tendencia, pues se elaboran en la cabecera del enfermo para que las decisiones tomadas tengan más en cuenta el juicio de todos, tanto del enfermo como el de la familia.

Este fortalecimiento de los juicios y los comportamientos éticos no transforman nuestra sociedad en un edén, pues entre más reconocemos el bien y el mal como criterios para la acción presente, más sentimos la hostilidad de la opinión pública alrededor de los dirigentes, amenazados por el juicio ético. Salimos de un siglo XX conmocionado por las guerras, las dictaduras y los regímenes totalitarios, y esta afirmación de la ética nos parece entonces un tipo de venganza de la historia, ya que los derechos humanos entran casi siempre en conflicto con el orgullo de dioses y reyes. ¡Cuán lejos estamos de la idea, tan fácilmente compartida antes, de que las guerras son el efecto de un conflicto de interés en un mundo secularizado! ¿Y cómo podríamos aceptar una visión tan superficialmente optimista, ahora que tantas partes del mundo han sido asoladas por las guerras y las masacres masivas? Los que se jactaban de haberse desentendido de toda forma de sacralidad y principios religiosos han resultado desmentidos por la realidad histórica. La presencia casi permanente de la guerra, de las masacres y de torturas nos obliga a asociar la definición moderna de los derechos con una concepción de los individuos no como seres sociales, sino como portadores de derechos universales. Cuanto más se involucra el individuo en los conflictos, más el vacío social y la pérdida de las normas y los valores sociales nos invitan a definir el espacio de estos conflictos en términos casi opuestos a los que por tanto tiempo nos habían satisfecho. La *secularización,* en este sentido, no significa la eliminación de los dioses y de lo sagrado; al contrario, es lo que nos obliga a comprometernos más directamente en las luchas donde el poder «globalizado» de los intereses y del poder atacan a los seres humanos que no cuentan más que consigo mismos para reafirmar y hacer respetar sus derechos. No se trata de mirar hacia atrás, sino de efectuar un avance al que nos obligan los futuros que están más llenos de posibles catástrofes que los pasados que ya hemos experimentado. Entre las ruinas de los pueblos en llamas buscamos a aquellos y aquellas que se consideran portadores de los derechos universales del ser humano. Esta visión no debe en todo caso aplastarnos como si fuéramos demasiado débiles para luchar contra los monstruos. Quienes sostienen el bien se han levantado al menos igual de rápido que quienes son responsables del mal. Cada uno de nosotros, a la vez que se siente en peligro, está consciente de la resistencia que debe presentar, ya sea solo o junto con los otros, frente a las tormentas que desatan los poderosos.

Es probable que jamás en la historia se hayan visto tantas hogueras y tantos verdugos como en el siglo XX, pero también es muy cierto que este siglo ha dado al menos tantos combatientes voluntarios, héroes y mártires como los siglos anteriores.

¿Cómo movilizar a las víctimas de la crisis?

Los grandes combates de hoy se hacen entonces en nombre de los derechos humanos o contra ellos, ya no para instituir una u otra forma de propiedad y poder.

Los que pensaron que la globalización y la enorme masa de capitales en juego significaban la imposibilidad de defensa de las víctimas contra los nuevos dueños del mundo se equivocaron. Ciertamente, en un mundo en movimiento acelerado, la defensa de los bienes y las fronteras está condenada al fracaso, pero no lo está si se trata de conquistar los derechos, movilizar los recursos para consagrarlos al respeto de los derechos humanos, sin por ello amenazar la supervivencia de una empresa o del Estado. No hay nada superficial o elitista en este discurso, pues es la antesala de debates sobre la misión de la escuela, las relaciones de los hombres con las máquinas o incluso sobre la forma de las ciudades y la renovación de la democracia.

Todo análisis debe conceder un lugar central a los conflictos. No basta hacer una investigación sobre el equilibro de intereses opuestos, y sería ridículo proponer que el salario y el beneficio sean parejos. Sólo las acciones masivas, desde el movimiento de las ideas hasta las intervenciones del Estado, pueden limitar o suprimir la dominación y la destrucción de seres y haberes.

Algunos objetan que este punto de vista es demasiado general y lejano en un momento en que lo importante es poner en marcha el sistema financiero para, más adelante, echar a andar la máquina económica y volver a la creación de empleos, cosa que —se reconoce— tomará muchos años. ¿Con esto acaso nos dan la receta para evitar la crisis y sanar las heridas que ésta inflige?

Es cierto que determinados objetivos en materia de defensa de los derechos acarrean una mejor gestión, previsiones más exactas, ayudas públicas mejor administradas, pero estos remedios nunca serán aplicados si las principales corrientes de opinión y la mayoría de la gente no los exige.

No se trata, claro está, de quedarse en generalidades inocuas. Queremos, por el contrario, designar las fuerzas capaces de hacer que el lucro retroceda, porque éste es el que destruye culturas e individuos, abandona a los pobres y a los excluidos, acusados de entorpecer la carrera por mayor lucro. La lucha por los derechos sociales ha llegado a limitar la arbitrariedad de los empleadores; la lucha por los derechos culturales todavía no ha alcanzado sus fines, pero no es menos necesaria.

Al principio de una crisis, nadie escucha estos temas. A los economistas y a los gobernantes sólo se les pide detener la crisis y poner en movimiento otra vez los motores de la economía, pero cuando la catástrofe parece menos inevitable, todos voltean a ver nuevamente hacia el futuro, porque los buenos expertos piensan que nuestro mundo no sobrevivirá a una crisis del mismo tipo. Es hora entonces de hacer un llamado a la movilización de todos los que pretenden combatir la amenaza.

Soluciones a la crisis

¿Habrá que recordar que en el momento más fuerte de la crisis —cuando el gobierno estadunidense decidió no impedir la caída del banco Lehman Brothers— quien ejercía el poder era el presidente George W. Bush, aconsejado en materia económica por el presidente de la Reserva Federal (FED), Ben Bernanke, sucesor de Alan Greenspan, y por el departamento del Tesoro? Hasta el final, el presidente Bush quiso tranquilizar a los estadunidenses minimizando la gravedad de la crisis y expresando su certidumbre de que pronto la superarían. La opinión estadunidense, y por lo tanto mundial, no recibió un análisis oficial sobre las causas de la crisis, que para muchos quizá fue considerada como el estallido de una nueva «burbuja»: después de la burbuja informática, la de los créditos hipotecarios *subprime*. La catástrofe que golpeó a millones de estadunidenses y les hizo perder sus casas no fue reconocida por el poder político como una crisis nacional de consecuencias nefastas. Para retomar la fórmula de Joseph Stiglitz, Wall Street no se preocupaba de Main Street, es decir, de los estadunidenses promedio. A la vez sucedía lo mismo en Gran Bretaña, donde el fenómeno quizá fue aún peor, a pesar de que tenía entonces un gobierno laborista.

Cuando Barack Obama llegó al poder en enero de 2009, se enfrentó a una peligrosa situación: la crisis y la parálisis bancaria amenazaban con entorpecer la economía de producción, ya asfixiada por la falta de créditos e inversión.

Algunos, como Joseph Stiglitz, quien había tenido un papel importante en el gobierno de Bill Clinton, le reclamaron al presidente Obama haberse sometido a los intereses de los grandes bancos, no obstante responsables de la crisis y además poco dispuestos a reducir los privilegios y bonos considerables que concedían a sus dirigentes. Había, sin embargo, que responder a la urgencia e impedir la reproducción de los acontecimientos de 1929, cuando el desempleo llevó a una buena parte del sector medio y popular a la pobreza extrema. Además, como los grandes bancos y las grandes empresas auxiliadas pagaron rápidamente sus deudas por miedo a ser nacionalizadas, estos préstamos masivos produjeron intereses que permitieron al gobierno ayudar a los pequeños bancos locales que financiaron a las PYMES y sostener el empleo.

Sin embargo, sería falso, entonces, acusar a la Casa Blanca de ponerse al servicio de Wall Street; de hecho, la crisis financiera, fruto de una larga cadena de errores y sobre todo de un pensamiento económico incapaz de aprehender la realidad, deja poco espacio a la iniciativa del gobierno.

El balance del primer año del gobierno de Barack Obama, más allá del descontento simbolizado por la pérdida de Massachusetts por los demócratas, está marcado por la desaceleración de la crisis (que continua siendo tan fuerte como para que un estadunidense medio no haya aún recobrado su nivel de vida de principios de siglo, o para que el número de víctimas de la crisis de las hipotecas *subprime* se cuente aún en millones, y que numerosos «éxitos» de los banqueros hayan contribuido fuertemente al crecimiento de las desigualdades en todo el país, rasgo negativo que también se aplica a Gran Bretaña). En Europa occidental Alemania se distingue del bloque, al punto de recibir críticas de sus homólogos: ¿no impuso durante muchos años a sus trabajadores salarios relativamente bajos para desarrollar mejor sus exportaciones, en detrimento de sus socios-competidores? Muchos países continentales son proclives a doblarse bajo el peso de la deuda. El rescate indispensable de Grecia, víctima de su mala gestión, provocó así fuertes tensiones entre los países europeos y, poco después, la gravedad de la crisis portuguesa ha aumentado aún más el debilitamiento del euro, que bajó nuevamente a 1.20 dólares, lo cual no es completamente malo para el conjunto de Europa, que se quejaba hasta entonces de una subvaloración del dólar (como del yuan).

Considerada globalmente, Europa se ve cada vez más paralizada por la imagen de su propio declive histórico, que se acelerará por el crecimiento (muy débil) anunciado para el conjunto de la década. El nuevo sistema de gobierno en la Unión Europea contribuye a fortalecer esta impresión de impotencia que atribula dolorosamente a los europeos y, sobre todo, a aquellos que han aprendido a pensar a escala mundial. La segunda parte de este libro pretende contribuir a devolverles la esperanza.

Lectura de Joseph Stiglitz

Joseph Stiglitz fue uno de los pocos economistas que previeron la gran crisis que culminó en 2008, pero que él veía ya en gestación en la década de 1970. Habló también de la caída de los Estados Unidos y del mundo en *Le Triomphe de la cupidité* (El triunfo de la codicia), título del libro en francés que le resta fuerza al título original, publicado en Nueva York por Norton a principios de 2010: *Freefall* (Caída libre), título desesperado, pues su segunda mitad está consagrada a repasar los principales problemas que enfrenta nuestro mundo: insuficiencia de la demanda global, dificultad para enmarcar el sistema bancario, para transformar la economía mundial de modo que se asegure un mejor subsidio de los recursos. En otras palabras, luchar contra la pobreza, la especulación y la dominación del mundo por el dinero.

En su análisis de la crisis identifica a los actores, es decir, a los responsables, y condena con una fuerza que podría parecer excesiva a Barack Obama y a los que, alrededor suyo, han tenido la tarea de rescatar la economía y que pudieron hacerlo sobre todo porque siguieron prisioneros (casi tanto —dice— como los responsables de la crisis) de la dominación de los financieros, cuyos graves errores movilizaron todos los recursos del Estado sólo para retomar rápidamente su juego mortal. Sin embargo, cuando se trata de pensar en las formas de pasar del mal al bien, los actores salen de su campo de interés y el economista parece dedicarse solamente a decir la verdad (misión admirable, por supuesto, pero que deja sin responder la pregunta hecha al principio: ¿de dónde viene el mal?, ¿por qué los Estados Unidos cayeron en una política de mentiras e irresponsabilidad, agotando su ahorro, acumulando deudas, y no sólo su gobierno, sino también millones de familias?).

Aunque no es suficiente, se hace necesario poner en tela de juicio al maestro y a su alumno: Alan Greenspan y Ben Bernanke. ¿Por qué el Congreso, los intelectuales, los medios masivos y los sindicatos no pusieron el grito en el cielo? La razón de este silencio y de estos errores es que los grandes principios y las ideas justas no pesan mucho junto a los actos que halagan a la población, feliz de vivir por encima de sus medios y llena de orgullo con la idea de dominar el mundo, mientras que desde hace mucho contribuye a la explosión de la nueva burbuja: la de las hipotecas *subprime*, que se apresura a encender la pólvora. El economista, cuando es tan notable por sus conocimientos como por su ánimo de justicia y preocupación por los más débiles, parece inexorablemente conducido a hacer lo que tanto se le reclama a los sociólogos: oponer las ideas a la fuerza, los principios a las estrategias, los ideales a los intereses.

Por eso, aquí nos esforzamos por definir, a pesar de las dificultades de la tarea, a los actores y las categorías de acción capaces de favorecer lo que podría anunciar una solución para la crisis, y que no se reduciría a la oposición del mal y el bien, pues incluso ésta se encontraría definida con precisión dentro de su contenido.

Estas interrogantes toman todo su sentido porque tienen como objetivo interpelar a un gran economista, Joseph Stiglitz, sin duda, el más visionario de todos. Cuando estudiamos la obra de los economistas más profundos e ilustres, sólo podemos comprobar su silencio en lo referente a la solución de la crisis. En el fondo, mi insatisfacción en la lectura de Stiglitz se explica principalmente por la ausencia de actores en su esquema de análisis. Ahora bien, la única respuesta que puede encontrarse a las preguntas que acabo de hacer implica cierta agitación de ideas, con plena conciencia de que la creación de una economía y de una sociedad nunca está condenada por los hechos mismos, en la medida en que éstos no son más estables que un espejismo.

No busquemos en la economía el principio de construcción de la sociedad. Tampoco debemos contentarnos con la idea de «racionalidad limitada» que no obstante ha generado tantos análisis, de Michel Crozier a Herbert Simon. Joseph Stiglitz nos convence de la ineficacia de los compromisos y las medidas incompletas. Es por esto que su obra es una de las más bellas contribuciones a un nuevo enfoque de los actores, pero ésa es toda su ambición.

De esta forma, por mi parte, he puesto en el centro del análisis la idea de que, en las situaciones dominadas por la globalización, el único principio sobre el cual es posible erigir una organización social no es el individuo y sus necesidades, sino el *sujeto* y sus derechos: el derecho que tienen los seres humanos a ser reconocidos como jueces de sus propias elecciones, es decir, como portadores de esos derechos. Únicamente el sujeto consciente de sus derechos puede oponerse a la todopoderosa globalización y al neoliberalismo que han sometido a la economía y a los seres humanos al mercado, esta instancia supuestamente más racional que las que emanan de las personas y las instituciones.

Pero la idea del sujeto no se reduce a la defensa de los derechos humanos, sino que está formada por todo lo que se reconoce como universal en el ser humano, comenzando por la razón, que define la verdad fuera de las ideologías religiosas o políticas, de la experiencia vivida o de las transiciones. Ahora bien, la ciencia es la que aporta la verdad, y sus descubrimientos son siempre enriquecidos por otros científicos.

Es por ello que la creación técnica y científica de métodos y de productos nuevos debe estar en el corazón de una política del sujeto. En el momento en que la globalización de los mercados les parece a muchos el principio mismo de la economía, es necesario recordar que la innovación ha aportado a la economía aún más recursos que la acumulación del capital. Es preciso recordar que los Estados Unidos, lejos de reducirse a un espacio del neoliberalismo sin actores, son el mayor inventor y el más grande creador de métodos y productos. Numerosos críticos han atacado la noción del empresario presentada por Schumpeter, pero ésta tiene el mérito de darle un lugar central a la invención y a la creación en el análisis económico.

Los modos de análisis y de evaluación en estos dominios se desarrollan tanto en oposición abierta a los efectos de la globalización como en la búsqueda de un compromiso entre los derechos humanos y la creación económica. Pretender construir una sociedad sin referirse a las actividades económicas sería pasar de Caribdis a Escila, pues éstos son los instrumentos para la creación de un nuevo mundo social. La vida económica y la vida social sólo pueden salvarse en conjunto, y en la medida en que los actores lo quieran.

No olvidemos que apelar a los principios superiores capaces de resistir las lógicas internas de la globalización y la hegemonía del capital financiero no tiene sentido, a menos que estos principios sean transformados en normas y modos de organización en todos los dominios de la vida social, tanto en el trabajo y la producción como en la familia. En materia jurídica la defensa de las libertades y los derechos debe siempre primar sobre la defensa de la propiedad y la organización del comercio. No hay nada nuevo aquí, pues en todos los tipos de sociedad, el principio central, ya sea Dios, su Iglesia, el príncipe o el progreso, está presente en todos los aspectos de la sociedad y los orienta. Las ciencias sociales deben entonces dar prioridad a la reivindicación de la ética, expresión de la moral en situaciones sociales particulares.

Después de esta lectura elogiosa pero crítica de Joseph Stiglitz, estaremos mejor armados para ocuparnos de las formas que podría tomar el nuevo tipo de sociedad capaz de salvarnos de la catástrofe.

Segunda parte

La sociedad posible

VI. La hipótesis

A SIMPLE vista, la evolución a largo plazo de una sociedad y la de una crisis económica no tienen mucha relación entre sí, ya que la crisis actual, como tantas otras, tiene causas financieras que obedecen a un exceso de liquidez, a la creación de créditos que sobrepasan los bienes reales sobre los que se apoyan y al desarrollo en masa de «productos derivados» no controlados. Sobre este fondo de búsqueda pura de las ganancias, la crisis de las hipotecas *subprime,* además de la quiebra de un gran banco neoyorquino, tuvo consecuencias catastróficas sobre el conjunto de la economía.

La crisis económica, por lo demás, fue un obstáculo para la formación de una nueva sociedad, de nuevos actores económicos y de las relaciones entre ambos. Desde este punto de vista, la crisis no puede definirse como una falla de la sociedad capitalista; debe comenzarse por reconocer que destruye a la sociedad dondequiera que estalle.

Una gran crisis financiera y económica, como la de 1929 o ésta que estamos viviendo, entierra a los actores, sus conflictos y todas las formas de mediación y de arbitraje. Quienes dirigen el sistema financiero sólo en su interés propio, que se opone igualmente tanto al de las empresas, en particular pequeñas y medianas, como a los intereses de los asalariados, se colocan en contra de la sociedad y de las instituciones, hasta el punto de actuar con frecuencia de manera ilegal al crear un enorme sector de *private equity,* que escapa del control público.

De hecho, tales financieros se salen del marco de la sociedad capitalista y entran en la ilegalidad del mismo modo que los cárteles de la droga o los contrabandistas de armas o de tabaco. Su acción se inscribe en la poderosa corriente del desarrollo actual de la economía ilegal. Nada de todo esto debería confundirse con una sociedad capitalista, como se define por lo común. El efecto social más importante de estas acciones salvajes es el importante y duradero crecimiento del desempleo, que se desplaza en el tiempo en relación con la crisis financiera, aunque tampoco se puede descartar la hipótesis de que ésta dé nuevos saltos.

Tres hipótesis falsas

Podemos imaginarnos cuatro hipótesis. La primera es el regreso al *statu quo ante,* o sea al *business as usual.* La segunda es un debilitamiento duradero de todos los actores sociales, e incluso del Estado, en una situación dominada por la desorganización económica. Estas dos hipótesis deben descartarse, dada la importancia de las inmensas pérdidas sufridas y de las intervenciones de los Estados. En cambio, los economistas y los observadores convienen con frecuencia en el fin de la hegemonía estadunidense, tanto por los compromisos militares aventureros de los Estados Unidos contra los países musulmanes, como, sobre todo, porque la mayor parte de su economía es administrada por quienes han alentado el sobreendeudamiento y la especulación, sin preocuparse por hacer avanzar la economía real.

La *tercera* hipótesis es aquella que puede llamarse la hipótesis Tocqueville, en la medida en que éste comprobó, al estudiar las causas económicas de la Revolución francesa, y al exponerlas en *L'Ancien Régime et la Révolution* (El Antiguo Régimen y la Revolución), que el reinado de Luis XVI fue el periodo más próspero de la vieja monarquía. Precisamente en esta mejora, en relación con la primera mitad del siglo XVIII, periodo de pesimismo y falto de perspectivas, Tocqueville observó una de las explicaciones principales de la Revolución. La recuperación general, debida a Turgot y a Necker, devolvió a los franceses la conciencia de que podían forjar su propio porvenir. Esta hipótesis puede reformularse hoy de la siguiente manera: cuando las economías occidentales se recuperan, y cuando algunas de las grandes economías emergentes empiezan a remontar sus debilidades, ¿no veremos desarrollarse aquí y allá movimientos reivindicativos fuertes al tiempo que proposiciones más positivas para la construcción de un nuevo tipo de vida social? Donde, como en los Estados Unidos, la desigualdad social ha aumentado e incluso ha estallado en el periodo 2000-2008, consecuencia sobre todo de la explosión de los ingresos más elevados, ¿puede evitarse un retroceso violento de la balanza? Incluso en los países donde el sindicalismo enmarca poco las reivindicaciones, ¿puede evitarse una explosión como las de Francia en 1936 o 1947-1948? Nadie puede descartar *a priori* esta posibilidad, aunque en el momento más violento de la crisis no ocurrió ninguna movilización de masas; sólo ciertos grupos obreros que se rebelaron contra el cierre de su empresa o ante su reubicación crearon focos de resistencia, pero esto sucedió antes de la generalización de la crisis. Es posible que, en tal o cual país, esta movilización se produjera en ocasión de una campaña presidencial. Pero aun en esta hipótesis los movimientos no consistieron en una presión económica, sino más bien en una agitación social que estaba lejos de favorecer la recomposición del sistema de actores. Después de tantos años de debilitamiento de los sindicatos y de las negociaciones colectivas, realmente es poco probable que se puedan reconstruir las relaciones sociales características de las sociedades industriales (incluyendo las postindustriales). Del mismo modo, la liberación de las empresas del dominio del capital financiero está lejos de pisar suelo seguro; el regreso a la época en que John K. Galbraith cantaba la victoria de los *ejecutivos* es muy poco probable.

Estas tres hipótesis se complacen en contemplar situaciones complejas y móviles, pero ninguna cree en la reconstrucción de las sociedades industriales, con sus objetivos productivistas apoyados en nuevas tecnologías, papel central que otorgan a las grandes empresas, a los sindicatos reconstruidos y a los nuevos métodos de las negociaciones colectivas.

De la tercera a la cuarta hipótesis

Sería injusto, y aun irresponsable, llegar a la conclusión *a priori* de la imposibilidad de regular los cambios financieros, aunque sea cierto que éstos, dentro del sistema mundial, se han vuelto más importantes que los que intervienen entre el sistema financiero y el sistema económico. En su último libro, *Penser la crise* (Pensar la crisis, París, Fayard, 2010), Élie Cohen estudia con detalle las proposiciones generalmente presentadas para remontar la crisis y las soluciones que se plantean con más frecuencia.

Se ha hecho un buen número de proposiciones para mejorar el funcionamiento de las agencias calificadoras y, en un nivel más general, se han sugerido otras más, en particular por determinadas autoridades británicas (y aquí debe mencionarse a Adair Turner, director de la Financial Service Authority), en la perspectiva de que se instaurara una especie de tasa Tobin que incida en las transacciones. Mervyn King, gobernador del Banco de Inglaterra al que siguieron otros especialistas, propone por su lado una separación de las diversas funciones de los bancos, en particular del banco de primer piso y de la banca de inversión. Otros más proponen que se proceda a un desmantelamiento más adelantado, al distinguir cuatro tipos de estructuras: banco de primer piso, banco de mercado, *asset management* y seguros (Cohen, 2010, p. 335), lo cual choca por lo demás con la objeción de que son los bancos generales los que mejor resistieron durante la crisis.

Sea lo que fuere, si se lograron progresos, si la FED (y también el Banco Central Europeo) han desempeñado un papel decisivo, y si el Estado norteamericano, apoyado por ciertos Estados europeos, impidió que la crisis del sistema explotara después de la caída de Lehman Brothers, es difícil creer que se disponga hoy de los instrumentos de regulación que cada país, con los Estados Unidos a la cabeza, y toda la economía mundial necesita.

Lo que nos lleva de nuevo a los problemas más graves que conoce la economía mundial, y por lo tanto muy lejos de las primas exorbitantes recibidas por los *traders* y por los dirigentes de los *hedge funds*.

Recordemos que el problema más importante al que debe enfrentarse la economía mundial es la ausencia de ahorro y el enorme endeudamiento de los Estados Unidos, que alientan la política ante todo exportadora de China, de Alemania y, a pesar de su larga crisis, de Japón. Política que tropieza, pues impide el mejoramiento del nivel de vida de poblaciones considerables. Pero ¿no es tautológico criticar a las grandes políticas económicas, cuyas víctimas principales son aquellas más pobres, y buscar poner fin al poder excesivo de la economía financiera, ya que ésta proviene de liquideces demasiado abundantes y de la búsqueda de la ganancia pura, sin efecto económico positivo?

Sin dejar de lado la utilidad de los análisis financieros, o incluso de los que con más propiedad son económicos, es preciso ir más lejos.

Una crisis tan grave como la que vivimos no puede tratarse fuera del análisis de las transformaciones económicas que inducen desequilibrios, debilitan a unos y enriquecen a otros. Esta crisis, de la que es necesario recordar que se remonta a fines del siglo XX, ¿puede comprenderse sin que se tome en consideración la transformación de la actividad económica? Mientras el sistema de Bretton Woods funcionó, es decir, mientras duró la recuperación de la economía mundial después de la debacle provocada por la primera Guerra Mundial y los regímenes totalitarios, el mundo conoció un nuevo impulso industrial gracias a los planes quinquenales, la difusión del fordismo y la automatización. A su vez, los cambios tecnológicos acelerados, y sobre todo el crecimiento de los intercambios mundiales, crearon nuevos espacios que ha aprovechado el sistema financiero con fines no económicos. ¿Habrá sucedido esto en una sociedad todavía dominada por las grandes empresas industriales? Fue una sorpresa ver que General Motors y Chrysler dependían del Estado para sobrevivir, al igual que Citibank, varias veces salvado de la quiebra.

El periodo por el cual evolucionamos hoy es difícil de calificar desde el punto de vista de la actividad que se despliega en él. La industria ve reducida su importancia en los países más avanzados, con excepción de Alemania, que comparte todavía con

China el primer lugar en las exportaciones industriales mundiales, aunque sabemos que la expresión «sociedad postindustrial» es engañosa.

La mejor manera de enfocar la situación actual, en definitiva, es decir que marca la completa separación entre el mundo económico, cada vez más globalizado, y el mundo social, este último en gran parte destruido por dicha separación, ya que la organización interna de una sociedad está ligada normalmente a la acción «exterior» de ésta, es decir a su trabajo, a su producción y al conjunto de su actividad económica. Frente a la masa impresionante (y amenazadora a la vez) de la economía globalizada, el mundo de las instituciones sociales no encuentra ni función ni coherencia interna. Es un universo de dudas y de confusión y ya no de normas. La importancia del momento radica en que esta ruptura entre el mundo económico y el mundo social es a la vez normal y patológica. Es normal porque marca el fin de una profunda transformación de las economías en las que economía, sociedad y política estaban íntimamente ligadas. Es patológica porque la crisis quiebra los elementos que se separaron y pone obstáculos a la creación de nuevas formas de organización social. La crisis de ninguna manera podrá poner un término a las transformaciones de la vida económica, sino que constituye un obstáculo difícil de superar para todos los esfuerzos de reconstrucción de la vida social, y más aun cuando éstos encuentran sus raíces fuera de la vida social, por encima de ella, como es el caso (también) para la economía globalizada.

Este *doble sentido* —normal y patológico— de la ruptura entre el mundo económico y el mundo social constituye el punto de partida obligatorio de todo análisis sobre el más allá de la crisis, sobre los futuros a los que ésta nos empuja.

Estos análisis, aunque estén llenos de sentido, no responden a los problemas inmediatos que nos amenazan, pero deben incitarnos a dirigir nuestra vista más lejos y a renovar el gesto que hicimos a finales del periodo de recuperación industrial de la posguerra: indicar un nuevo tipo de sociedad, en su globalidad.

La cuarta hipótesis

De hecho, nos encontramos enfrentados a dos futuros posibles, y uno y otro marcan una ruptura con el pasado. Uno de ellos es desesperante, el otro aporta nuevas esperanzas. Por definición, ninguno de los dos es seguro. Podemos caer de nuevo o podemos levantarnos.

a) *El futuro negro*

A principios de 2010, la recuperación de los bancos, una ligera mejoría del comercio internacional e incluso, en determinados países, un principio de regreso al crecimiento —a decir verdad muy limitado y sin que lograra hacer descender el desempleo (salvo en Canadá)—, hizo que algunos pensaran que el mundo occidental, europeo y estadunidense, era capaz de salir de la crisis. Optimismo sin fundamento, pues en ese momento se anunciaba ya una segunda crisis. En 2009, se ha dicho, los Estados eran intervenidos para limitar la crisis que había alcanzado la cima en 2008; lo cual fue útil, pero sufrió dos consecuencias cada vez más difíciles de soportar. La primera fue el aumento del déficit presupuestal de los Estados, lo que hizo que se olvidaran los compromisos tomados en virtud del pacto de seguridad para limitar ese déficit a menos de 3% del producto nacional bruto (PNB). El Reino Unido y Grecia alcanzaron 11%; Francia anunció para 2010 un déficit de 8%. La segunda consecuencia fue el aumento del endeudamiento público, que en ciertos países llegó a sobrepasar 100% del PNB.

Ante estas amenazas, los gobiernos difícilmente podían incrementar los gastos del Estado con aumentos de los impuestos, ya que esto habría desencadenado una tercera crisis de crecimiento. Las medidas que se han tomado en Francia, como la no renovación de la mitad de los funcionarios que pasan al retiro, provocan violentas protestas, en particular entre los maestros y el personal de salud. Sólo Alemania permaneció sólida, aunque debido a que escogió contener los salarios reales para acrecentar sus exportaciones, con frecuencia a expensas de sus vecinos y sobre todo de

Francia, que, después de haber anunciado por largo tiempo un importante excedente de las exportaciones, se hundió en un profundo déficit comercial.

La gravedad y la fragilidad de la situación condujeron al estallido de una nueva crisis en Grecia y a la formación de graves amenazas contra muchos otros países.

La situación de Grecia fue particular. Había dado a Bruselas cifras manipuladas que subestimaban con mucho su caída; la corrupción le era consustancial y, como en tantos otros países de Europa, los ingresos del turismo, esenciales para su equilibrio, disminuyeron desde 2007. Las agencias calificadoras precipitaron la crisis al bajar la calificación de Grecia, al igual que la de Portugal y España, obligando a estos países a endeudarse a tasas cada vez más elevadas. Grecia casi cae en el abismo, hasta el punto de que hubo quien le aconsejara que se saliera de la zona del euro, o sea de la Unión Europea. Solución que habría probablemente golpeado de muerte al conjunto del sistema europeo.

La ayuda a Grecia por parte de la Unión Europea y del FMI acusó una lenta organización, por el hecho de que Alemania se resistió, por el miedo (justificado) de la canciller, Angela Merkel, de perder una elección regional importante para poder sostenerse. En estas condiciones, la situación de Grecia siguió agravándose. Finalmente, sólo con la obtención de 110 000 millones de euros pudo Grecia salir adelante. La situación de Portugal, afectado en sus principales exportaciones y en su turismo, igualmente se agravó en ese clima de miedo pánico ante la vista de un Estado reducido a la quiebra, hipótesis que no tomaron en consideración los tratados europeos…

En España, la economía se vio afectada desde el principio de la crisis estadunidense de las hipotecas *subprime* porque, para resistir al movimiento de desindustrialización, había confiado su porvenir en el turismo, es decir, en la construcción. Incluso Barcelona, en otra época fuertemente industrializada, vio cómo se hundían sus viejas industrias, sobre todo textiles, y al depender también del turismo para sobrevivir, el sector de la construcción, que se había desarrollado fuertemente, se derrumbó y vio reducida su actividad en dos tercios en unos pocos meses.

A partir de ahí se desencadenó una opinión contraria al presidente del Consejo de Ministros, el socialista Zapatero, hasta entonces muy popular. El sistema bancario español y su red de cajas de ahorro se debilitó por la crisis inmobiliaria. Una caída de España sería la de la zona euro y, de hecho, de la construcción de Europa.

Los países de la zona euro, felizmente, tomaron medidas drásticas para proteger a las economías amenazadas. Aun así no podemos asegurar que los proyectos de reducción del déficit de las finanzas públicas no impliquen reacciones violentas en determinados países. Así sucedió con el partido comunista griego, que multiplicó los actos de violencia y llevó a la muerte a tres personas en uno de sus bancos.

Sin que nos dejemos llevar por el pesimismo, hay que tomar conciencia de que lo que se anuncia puede ser la declinación de Europa. Por todas partes se observó con inquietud y decepción la impotencia de la Unión Europea. Ésta no fue capaz de tomar ninguna medida importante de control de las operaciones financieras. La resistencia de la *City* en Gran Bretaña explica, desde luego, esta impotencia, pero no la justifica. En cuanto a los dirigentes europeos, todo indica que no ven con malos ojos la debilidad de Bruselas.

América del Sur resistió mucho mejor la crisis que Europa. Las bancas públicas, con el Banco Nacional de Desarrollo Económico (BNDE) de Brasil en primera fila, pusieron en marcha excelentes políticas anticíclicas. Chile y Perú acumularon superávit presupuestales de consideración, lo que les permitió resistir la crisis. Brasil, del que se comprobó su importancia mundial, suplanta desde este momento a un Mercosur destruido por la separación cada vez mayor entre Brasil y Argentina. En cuanto a Chile, es el país emergente que ha logrado mayores progresos, después de China.

Es cierto que el mismo juicio no podría aplicarse a América Central, al Caribe y a México, que dependen por completo de los Estados Unidos y, por lo que hace a México, saqueado por los desmanes de los traficantes de droga. El resultado es que América del Sur mantiene hoy relaciones más intensas con Asia, y en particular con China, que con los Estados Unidos y Europa.

Quienes buscan evaluar la situación en la que se encuentra Europa se equivocarían de lleno si no concedieran un lugar central al descenso de la posición internacional que golpea a nuestro continente, amenaza oculta desde hace mucho por las ilusiones diseminadas por los pro europeos que se preocupaban sobre todo por la integración en una economía mundial globalizada y dominada por los Estados Unidos —y más aún por los propios financieros—. Es cierto que la gravedad de la situación fue comprendida finalmente por sus dirigentes, en particular por los de Francia y Alemania, lo que en mayo de 2010 los llevó a decidir la creación de un fondo de apoyo para los países amenazados, reforzado en el mes de junio.

Esta importante decisión puede frenar una nueva catástrofe, pero nada puede poner fin a la búsqueda sin medida de las ganancias por parte de los especuladores. Éstos seguirán sacudiendo a las economías más débiles con la ayuda de las agencias calificadoras. El euro no está fuera de peligro. No debe descartarse la hipótesis de una nueva crisis, la que podría llevar a un encadenamiento catastrófico de diversas crisis independientes.

b) *El futuro abierto*

Esta segunda parte de la cuarta hipótesis es más difícil de formular. La ausencia de reacciones sociales y políticas de masas durante esta crisis, cuyo aspecto más evidente fue la victoria del capital financiero sobre la economía real, fue en todas partes una sorpresa. La crisis no implicó un refuerzo de la izquierda y de los sindicatos. Un conflicto social es el enfrentamiento de grupos sociales opuestos que luchan por la apropiación de los resultados del crecimiento, reconociendo ambos campos el valor positivo de las apuestas de la competencia de unos y otros. Un conflicto social es, pues, muy distinto de una crisis económica. La intervención de los grandes Estados industriales permitió a los bancos rehacerse, sin que se transformara el sistema económico, incluso si el control de sus actividades y de sus métodos fuera más estricto que antes. A fines de 2009, si es que el presidente

Obama salvó a la economía occidental, no estaba en sus manos recomponer el sistema de relaciones y de conflictos socioeconómicos que caracterizó a la sociedad industrial. Hoy no asistimos a ningún conflicto significativo entre actores claramente definidos; ninguna apuesta común a los dos campos enfrentados aparece: la nueva sociedad no se ha formado aún. Pero sí se anuncia, lo cual conforma la cuarta hipótesis. Es difícil formularla, ya que afirma la construcción de un nuevo sistema de actores, todavía imposible de describir. Desde luego, este paso a una nueva sociedad implica la transformación de las instituciones actuales, lo que en nuestro lenguaje cotidiano llamamos la crisis de la ciudad, de la democracia, de la justicia, de la escuela o de la familia. Esta separación entre el mundo económico y el mundo social caracteriza a la situación actual, en particular debido a que la globalización coloca a la economía en un nivel en el que ninguna institución social, política o incluso económica puede intervenir. De ahí lo que ya hemos comprobado: la ausencia de reacciones organizadas de los asalariados y de la población en general. En este punto del razonamiento, hay que reconocer una extrema disimetría entre un mundo económico desbordado por la esfera financiera y las posibilidades de acción social. Barack Obama, desde los comienzos de su presidencia, se dedicó a poner en marcha un poderoso mecanismo de intervención que pudo detener la generalización de la crisis, pero los bancos han querido recuperar sus deudas lo más rápidamente posible y el presidente de los Estados Unidos no contempló nacionalizar a los bancos deudores. Así se explica el silencio social y político que acompañó a una crisis de extrema gravedad.

Si ningún proyecto social y político se forma para definir nuevos equilibrios, la única respuesta espontánea al triunfo de la economía globalizada será un comunitarismo defensivo, que ya no se definirá en términos de relaciones sociales, sino de encerrarse en una identidad religiosa, nacional o étnica. Este comunitarismo podría tomar la forma (limitada) de proteccionismo económico, pero no olvidemos que el enfrentamiento entre comunidades religiosas y ciertos centros de la economía globalizada ya desembocó en la guerra —*jihad* contra *jihad*— entre el islamismo radical y las fuerzas estadunidenses y británicas que invadieron Irak, o entre los palestinos y el gobierno israelí, que hoy está en manos de nacionalistas hostiles a toda negociación. Entre tal conflicto militar y una lucha de influencia interna entre fuerzas sociales opuestas no hay casi nada en común. Necesitamos, pues, reconocer los signos de la aparición próxima de una fuerza capaz de combatir eficazmente el poder económico y financiero global.

De nuevo es en los Estados Unidos donde se ha formado la mayoría de los grupos de mujeres, de asociaciones de ecologistas o de grupos de lucha contra el racismo y en pro de la igualdad de los derechos civiles. Incluso han sustituido la intervención vertical del Estado al practicar un *self government* eficaz y que, al contrario que el comunitarismo, facilita la apertura de los grupos locales ante los problemas generales.

Pero estas asociaciones locales están por lo común dominadas por grupos de influencia hostiles a las minorías. El impacto de este fundamentalismo (sobre todo protestante) se ve favorecido en los Estados Unidos por la acción de *preachers* vehementes que alientan el aislacionismo y el rechazo de lo extraño. En Europa occidental no existe su equivalente religioso.

Se trate de grupos «positivos» o «negativos», estos grupos de base tienen en común, en los Estados Unidos, que limitan el poder del Estado y dan a la sociedad civil una diversidad, una elasticidad y sobre todo un vigor que hace contrapeso al carácter centralizado del sistema político. Pero sólo la afirmación de los valores universales puede permitir limitar la potencia de los intereses más poderosos.

Tres etapas en el origen del sujeto: fabricación, comunicación, creación de valores

Evitemos desde el principio una confusión. El origen del sujeto no se vincula con la existencia de una sociedad postindustrial fundada en la comunicación. En las sociedades de producción, existe una correspondencia entre las condiciones estructurales y la selección de valores que orientan la acción. La comunicación se inscribe todavía en estas sociedades de producción, pero constituye el fundamento de la sociedad postindustrial.

Así se ha construido la ruta que va desde la ciencia y la organización económica hasta los actores sociales, pasando por las redes de comunicación. Aquí la importancia radica en reconocer la especificidad de cada uno de los momentos del análisis. Pero sobre todo hay que insistir en la distancia que separa la referencia al sujeto, tal como lo he concebido, de los problemas de la comunicación. Estos últimos, que constituyeron el fundamento de la sociedad postindustrial, integraron al actor de la comunicación con el contenido de ésta. A la inversa que las sociedades industriales y postindustriales, en las que las relaciones sociales de producción y las políticas sociales eran inseparables, la sociedad que se anuncia ahora puede verse representada como si estuviera marcada por la oposición entre dos principios no sociales: por un lado la globalización y, por el otro, el sujeto portador de derechos. Entre estas dos montañas se extiende una llanura en la que la actividad es intensa, los caminos numerosos y en ella se concentran las ciudades y sus habitantes. Pero el agua nutricia proviene de las montañas.

No hay vida sin irrigación, pero no hay irrigación sin la llegada del agua que desciende de las montañas. Si esta metáfora no es lo suficientemente clara, repitamos que el sentido de la acción se forma fuera de la vida social, a la vez en el mundo económico construido y descubierto por los hombres y en el mundo reflexivo del sujeto. ¿Existe una forma más clara de marcar la oposición entre la visión clásica y la que se presenta aquí, y que además tenga más afinidades con el estudio de las formas antiguas del sujeto, religiosas o filosóficas, que a través del racionalismo nutrido por la filosofía de la historia?

El encuentro entre dos principios metasociales

Este tema del sujeto, a diferencia de los temas sociales, se forma fuera del campo social, bajo el efecto de movimientos colectivos más culturales que sociales, y que no son movidos por la defensa de intereses específicos. Con gran frecuencia se forman en la base de la sociedad y ponen en duda las decisiones impuestas por el poder. En los países más comprometidos en la construcción de una sociedad nueva, y en particular en los Estados Unidos, los conflictos entre los dos campos son tan visibles que se han convertido en un elemento muy importante de las elecciones electorales. No obstante, hasta ahora ha sido la voluntad del gobierno la que ha prevalecido. Así, los Estados Unidos han rechazado los acuerdos de Kioto, mientras que los estadunidenses han impulsado grandes campañas contra los gases de efecto invernadero. Ahí vemos la parte oculta en la política de este país, igual que en la de otros. Los países de la Europa occidental son sensibles a ambos temas: la lucha contra la economía y sus poderes «globales» y la voluntad de salvaguardar su independencia, que ante todo es de orden cultural.

Lo importante es comprender cómo las dos corrientes culturales opuestas se difunden en la vida social y ejercen una fuerte influencia sobre las decisiones políticas. El rápido desarrollo de los nuevos medios de comunicación —desde el teléfono portátil hasta internet, de la televisión a las revistas consagradas a las estrellas del cine y otra «gente»— ha permitido que los temas de la ecología política y los de los movimientos antirracistas y de defensa de las minorías se difundan a gran velocidad, aunque perdiendo la fuerza que atañe a los movimientos más directamente vinculados con la defensa del sujeto, de su libertad, de la igualdad y de la justicia.

Su fuerza principal proviene de que los peligros combatidos por los movimientos culturales actuales se delimitan gracias a los científicos que escapan al control del Estado. Muchos han creído que las sociedades y la cultura de masas destruirían la política, y sobre todo los movimientos sociales y culturales, al ahogarlos en un universo publicitario en el que se volverían invisibles. Todavía se oye a quienes afirmaban, poco ha, que el mundo de los medios sólo es una nueva figura del *panem et circenses* de los emperadores romanos. Ciertamente, esta inquietud está en parte justificada, pues bastantes aspectos de la vida colectiva se han vuelto ininteligibles, por lo mucho que han sido degradados por el discurso publicitario. Pero la época de los medios todopoderosos llega a su fin. Cada vez se hacen oír voces más y más numerosas. El paso de los movimientos surgidos de la sociedad industrial a los nuevos movimientos sociales y culturales se ha dado con rapidez, y hoy hay que taparse los oídos para no oír a los ecologistas, a las feministas o a los defensores de las naciones amenazadas o ya destruidas por un genocidio.

Hasta ahora, lo que nos ha faltado es tener un panorama conjunto de la nueva sociedad que se está formando. Todavía estamos ensordecidos por los movimientos de defensa de las «víctimas» que de hecho difunden la idea de que es imposible luchar contra la civilización de masas. Observemos sobre todo a Italia, donde el Movimiento Viola, que sólo ha sido construido por la red, combate la impunidad de Silvio Berlusconi.

Nunca es demasiado temprano para inventariar sistemáticamente las transformaciones que sufren las sociedades industriales y postindustriales, y para ver que la crisis de la economía actúa sobre todos los aspectos de la vida social. Pero ya entramos materialmente en ese nuevo universo al que estamos refiriéndonos constantemente, y deberíamos aquí introducir ahora nuestras propias representaciones.

Comprendemos mejor ahora por qué hay que distinguir entre la crisis financiera, que se ha extendido con rapidez a la economía y al empleo, y la transformación a largo plazo que sufre la sociedad, que pasa de una producción industrial o postindustrial a una situación que ya califiqué de postsocial. Esta posición no tiene nada en común con la idea del fin de la historia propuesta por Francis Fukuyama, sino que querría más bien inscribirse falsamente en contra de ella. Lo importante aquí es rechazar la idea de que todos los aspectos de la vida de una sociedad están determinados por su situación económica, idea que no se corresponde con la realidad. La vida social actual está dominada, por un lado, por la economía globalizada, que ejerce presión sobre todos los dominios de la vida social y, por el otro, por la referencia de los actores a un sujeto determinado, definido como si estuviera colocado más allá del orden social, como si perteneciera al dominio de los principios universales. El conflicto entre estos dos puntos de vista, uno y otro *por encima* de la sociedad, se extiende hasta el punto de formar una contradicción, un conflicto que sólo podría ser regulado mediante la guerra. Pero este peligro se alejará en la medida en que estos dos principios metasociales se encarnarán en reglas y en formas de decisión que harán que la lógica de cada uno de ellos penetre en la vida social.

El acrecentamiento de las desigualdades invoca cambios en la organización económica si queremos evitar una conflagración social que acabaría de empobrecer a nuestra sociedad herida por la crisis. La gran mayoría de la población aspira por lo demás a la intervención del Estado para reducir estas desigualdades. Esta primera respuesta significa que después de una extrema dominación de la economía por encima de los demás aspectos de la sociedad, es necesario restablecer los vínculos entre los factores económicos y no económicos de la situación económica: el estado de la opinión y la voluntad del Estado son elementos a este respecto tan importantes como los movimientos de capitales que buscan controlar.

En la nueva situación postsocial, las reivindicaciones desbordan a los objetivos económicos; son impulsadas por la defensa del sujeto, es decir, de los derechos de cada quien, ya que la tendencia más al centro del cambio en curso es separar economía y sociedad o cultura, sin romper todos los vínculos entre ellas. Vemos igualmente que el orden económico y el mundo de las ideas se oponen entre sí, a pesar de seguir vinculados. Hoy, los conflictos pueden con mayor facilidad volverse lucha armada que reformismo limitado. Lo que nos protege contra la hipótesis catastrófica de los dos mundos irreductiblemente opuestos entre sí es que hoy queda aún un espacio suficientemente abierto para que en él se mantengan los dos principios opuestos. Y es tan imposible imaginar una sociedad enteramente consagrada a la defensa de los derechos humanos como una sociedad reducida a operaciones bancarias o a la manipulación de los trabajadores de todos los niveles por métodos de gestión y de movilización.

En el pasado, muchos actores han esperado la destrucción del capitalismo bajo la presión de los trabajadores. Hoy, el peligro principal consiste por el contrario en una victoria completa de los más ricos, por un lado, o de los más pobres, quienes, al carecer de influencia sobre la sociedad, pueden transformarse fácilmente en figuras inquietantes del ideal populista, fascista o profético. El mejor medio para evitar estas amenazas extremas es trabajar con una más firme conciencia las apuestas más elevadas de los conflictos. De hecho, las reivindicaciones de los ecologistas acrecientan hoy el poder de intervención del Estado. En cuanto a la concentración extrema de las riquezas, que reduce a una gran parte de los trabajadores a la miseria y a la exclusión, se ve acompañada por una representación tan trágica que nadie puede desear el regreso al capitalismo victoriano.

No pensemos que la resistencia del sujeto suponga que filósofos, sociólogos o escritores conducirán la protesta social, como si éstos hubieran conformado el movimiento obrero en el siglo XIX, aunque sólo elaboraron sus discursos. Ya mostré que no hay que reducir el movimiento obrero a sus expresiones políticas. Y el propio Marx hizo más por la crítica del capitalismo que por comprender e interpretar las huelgas, los sabotajes y otras formas de presión de los obreros contra el sistema; esos obreros que no estaban desprovistos de conciencia.

Hoy, la conciencia de la posible catástrofe lo domina todo y la ecología política no sería tan poderosa si no bebiera en lo más hondo del rechazo de la muerte. Los aztecas no eran conscientes de que los españoles que acogieron iban a diezmarlos. Pero hoy nuestras informaciones nos permiten, por el contrario, prever las catástrofes a las que conduce el triunfo de los financieros. Cierto que la toma de conciencia de los riesgos es insuficiente, pero existe, ya que el movimiento ecologista no es sólo la traducción de las inquietudes de determinados científicos. En todo caso es necesario descartar igualmente toda referencia al espontaneísmo al igual que al racionalismo científico para explicar los movimientos culturales que ocupan ya gran parte de la escena política. Lo que nos falta es una representación suficientemente completa de los medios y de los efectos de la dominación del capitalismo financiero. Éste ya ha producido, en el transcurso de los dos últimos siglos, numerosas crisis graves que han alcanzado al conjunto de la vida económica, pero la gravedad de las crisis se acrecienta de un periodo al otro. La de 1929 puso al mundo a sangre y fuego, al empujar a los alemanes al nazismo. La crisis actual puede conducir a la desaparición progresiva de Occidente, sobre todo el europeo. Al mismo tiempo, conocemos cada vez más y mejor al conjunto de las fuerzas sociales, de las prácticas culturales y de las decisiones políticas que hacen posible y que refuerzan constantemente la dominación de las ganancias sin contrapartida económica. La muerte ronda cada vez más cerca de nosotros desde que vimos a Hiroshima deshacerse en polvo, bajo el estallido de una bomba atómica preparada por los más grandes científicos.

Hoy la lógica de la búsqueda del máximo provecho y la del respeto del sujeto y de sus derechos están frente a frente. Cada uno de estos dos principios puede encarnar en cada uno de los sectores de la vida social, pero también en las intervenciones públicas, sobre todo las del Estado, que buscan llenar el vacío entre los principios opuestos y transformar las contradicciones en complementariedades.

Una crisis, por grave que sea, no determina un porvenir dado, aunque rompa los vínculos con el pasado. En el caso actual, puede conducir a una desorganización de la vida social y aun económica, apelando a la violencia, la ilegalidad y, finalmente, la decadencia. Pero la destrucción de los antiguos vínculos entre la economía y la sociedad puede igualmente hacer surgir, frente a la economía globalizada, movimientos de defensa no sólo de los intereses económicos, sino también de los derechos.

Entre dos futuros

Si la crisis por sí misma no impone una u otra de las dos soluciones, la forma en que esta crisis ha sido tratada tendrá efectos decisivos sobre el porvenir. Y solamente si se la considera como un problema por resolver y, en consecuencia, si se hace que emerjan nuevos objetivos y nuevos métodos de elección, podrá ayudar a la formación de una nueva sociedad. Por el contrario, cuanto más se viva como una situación fuera del alcance, como un cambio geopolítico mayor, como el fruto de la debilidad de los actores económicos y políticos, será más probable que se lleve por delante todo a su paso como un alud.

La oposición extrema entre el movimiento de descomposición acelerada de un sistema económico y social y la creación de un nuevo tipo de sociedad no excluye que existan vínculos muy fuertes entre ambos procesos. Muchos economistas han insistido en los profundos cambios de situación y de política económicas suscitadas por el hundimiento de cierto tipo de capitalismo, aunque casi siempre hayan recurrido a la explicación por medio de la intervención de factores externos con el fin de explicar ese cambio de situación. El New Deal de Roosevelt no hubiera sido concebido sin la crisis de 1929, pero no enderezó la economía estadunidense, y sólo la guerra, a partir de 1941, permitió regresar al pleno empleo, bajo la conducción del Estado.

Después de la segunda Guerra Mundial, en los grandes países de la Europa no sovietizada, y en muchos otros, se formaron regímenes «desarrollistas» en los que la intervención del Estado fue tanto mayor cuanto que los medios capitalistas con frecuencia desaparecieron, ya que se habían puesto al servicio de los conquistadores nazis y habían sido golpeados por la indignidad nacional —y con frecuencia sus empresas fueron nacionalizadas—. Tal fue el caso sobre todo en Francia, pero también en Italia, en Gran Bretaña y aun en Alemania, donde la presión sindical fue fuerte. Nuevos empresarios públicos, como Mattei en Italia, pero también un grupo de funcionarios de muy alto nivel en Francia (Massé, Delouvrier, Bloch-Lainé, Gruson, Hirsch, etc.) desempeñaron en esa época un papel notable.

El agotamiento de esta economía administrada, al final de los años sesenta, condujo a la rápida conquista del mundo por el capitalismo neoliberal, sistema en el que la intervención de los agentes no capitalistas (se tratara de los sindicatos o del Estado) no dejó de disminuir, mientras que aumentaba el número de crisis regionales y sectoriales.

Tres años después del estallido de la crisis de 2007, pocos son los que creen que las «reformas» sean la medida para restablecer el sistema anterior. Como después de 1929, una transformación profunda de la vida económica parece inevitable. Pero, ¿cómo nuevas intervenciones del Estado pueden conducir a un nuevo tipo de sociedad, hacia lo que he llamado la situación postsocial?

El carácter cada vez más global de la economía mundial y la extremada autonomía de las actividades financieras, que ya no siguen atadas al funcionamiento real de la economía y de las empresas, suscitaron una cantidad de esfuerzos con el fin de activar las transformaciones que podríamos evaluar en términos de motivaciones y de procesos no económicos. Se trata ante todo de luchar contra los efectos destructores de la economía actual, es decir, de actuar sobre las condiciones naturales de nuestra sobrevivencia. Pero a todas luces parece indispensable el esfuerzo por acrecentar la demanda mundial y por reducir las desigualdades que en el transcurso de los últimos años se han incrementado fuertemente.

No obstante, llevar a buen término este intento será más difícil que en las ocasiones anteriores, en la medida en que la ruptura es más profunda entre el capitalismo financiero, responsable principal de la última crisis, y los llamados en defensa de los equilibrios naturales y de los Derechos del Hombre. El silencio político actual no habrá de durar y es probable que la transición (difícil) hacia el nuevo tipo de sociedad se haga en un medio caliente más que en uno frío.

De los actores a los sujetos

La sociología desde un principio se dedicó a estudiar los sistemas, las funciones y los poderes. Pero se alejó, sobre todo desde el comienzo, de los grandes movimientos sociales de la década de 1960 la idea de una «reciprocidad de perspectivas» entre el sistema y los actores.

Los psicólogos sociales desde un primer momento han redescubierto la autonomía del actor que actúa en un grupo, al mostrar los efectos de la naturaleza del grupo sobre las conductas individuales. Cierto que —sobre todo Serge Moscovici— llegaron más lejos, al explorar la relación de los actores con la cultura en la que se mueven.

Mi camino aquí no está alejado del de los psicólogos sociales; en cambio sí lo está de los trabajos más antiguos sobre la «personalidad de base». Busca ante todo establecer vínculos entre la realidad social, sea la de los sistemas o la de los actores, y el nivel fundamentalmente diferente en que los canales de valores se forman y encuentran su legitimidad. Estos canales han sido durante largo tiempo, ante todo, canales de tipo religioso, sea en el sentido propio del término, sea por la creencia en ideales laicos como el progreso o la nación. Pero en el momento en que muchos hablan de *secularización,* o sea, de disolución de lo religioso en las prácticas sociales, sean utilitaristas o humanitarias, defiendo la idea de que lo religioso ha penetrado en el hombre y se ha mudado en *humanismo,* horizonte central en la experiencia de los modernos.

Cuanto más crezca nuestra capacidad de actuar sobre nosotros mismos y sobre nuestro medio, más se refuerza este humanismo. Por mucho tiempo intentó poner un pie en los hechos y el otro en los valores, y con frecuencia lo hizo al recurrir a un pensamiento evolucionista. Ha llegado el momento de romper con esos ejercicios de equilibrista, ya que la globalización de la economía tiende a invadirlo todo y a dominarlo todo. Sólo la apelación más directa a lo que deberíamos llamar el sujeto, como en tiempo de la Ilustración, permite resistir esta invasión. Cargamos cada vez más con juicios morales, y aun espirituales, sobre nuestra situación y nuestras conductas. Esta tendencia se extiende a nuestro alrededor y es una constatación que puede darnos confianza en nuestro porvenir.

VII. La situación postsocial

Sociedades industriales y postindustriales

Volvamos atrás para tomar mejor las riendas de todos los cambios que se producen o se han producido en esta sociedad nueva, y empecemos por situarla en relación con las que la han precedido, de manera que podamos evaluar correctamente estos cambios.

Durante largo tiempo hemos dado la mayor importancia al paso de lo que hemos llamado la sociedad industrial a lo que algunos han llamado la sociedad postindustrial. Daniel Bell y yo hemos sido los primeros en insistir sobre esta transformación. Pero, como lo he rememorado, se trata ahí de dos etapas en el interior de la sociedad industrial. De la misma forma, desde Georges Friedmann, hemos tenido la costumbre de distinguir varias revoluciones industriales: la sociedad dominada por el carbón, la que puso la electricidad al servicio de la producción y, finalmente, la que vio la llegada de la electrónica y, en particular, de los complejos sistemas de comunicación. Las diferencias que separan estas fases de la sociedad industrial, por importantes que sean, no nos han hecho pasar de una sociedad a otra. Y, a medida que tomamos distancia en relación con las transformaciones sucesivas, nos damos cuenta, mucho mejor, de lo que estas etapas tienen en común.

Podemos definir la sociedad industrial por el hecho de que el progreso de la producción y de la productividad provoca en ella cambios profundos, en particular en las relaciones sociales de producción. Desde este punto de vista, el paso de la sociedad industrial a la sociedad postindustrial constituye un cambio importante de etapa, pero no el paso de una sociedad a la otra.

La separación entre el mundo material y el mundo moral todavía no existe en la sociedad postindustrial. Son muchos los que han insistido sobre lo que los une en ese tipo de sociedad, donde la comunicación introduce una nueva relación entre las informaciones y las disposiciones de los comunicantes. Manuel Castells fue el primero que reconoció que la comunicación ocupa un lugar central en las sociedades postindustriales. Su intención fue mostrar siempre que una buena comunicación es la que reconoce la importancia de las emociones, de los sentimientos y de las ideas en la trasmisión de mensajes que, para que haya realmente comunicación, deben transformarse durante el paso del emisor al receptor. Cercano a Antonio Damasio, autor de estudios importantes sobre el cerebro, critica todo racionalismo que se repliegue sobre sí mismo.

Pero no creemos confusión. El tema de la comunicación está muy lejos de la idea de la separación del sistema y los actores. Es en la sociedad postindustrial donde la comunicación ocupa un lugar central, no en la situación postsocial.

Por ello, es a partir del estudio de las sociedades industriales y de sus movimientos sociales que la sociología comprendió que debía separarse de un pensamiento de los sistemas, fuera estructural-funcionalista o marxista. Los actores no utilizan a las instituciones sociales sólo en función de las posibilidades que les dan de acceder a un estatus mejor en la jerarquía social, pero sí para reforzar su capacidad de emprender acciones sociales engendradas por ellas mismas. Manuel Castells lo mostró de manera magnífica en su análisis de la campaña presidencial de Barack Obama y de la influencia de Saul Alinsky sobre él, lo que proporciona un contenido concreto a su construcción analítica (*Communication Power*, 2009, pp. 386-389).

Y Castells precisa: «Si la estructuración es múltiple, el desafío para el análisis está en comprender la especificidad de las relaciones de poder en cada nivel, en todas las formas y escalas de las prácticas sociales y en sus resultados estructurantes».

La separación de los actores y del sistema

Desde el principio de este libro hemos emitido dos elementos fundamentales del tipo de sociedad en formación. El primero es la globalización del sistema económico y, por consiguiente, su creciente autonomía respecto de los actores y de las instituciones. La nueva sociedad vive una separación cada vez más profunda entre una economía que se organiza a nivel mundial y las instituciones o las formas de organización social debilitadas por su incapacidad de controlar la globalidad del sistema económico. Se ha creado un abismo entre el mundo de la economía y el de las instituciones sociales, en el cual los actores son múltiples, pero en donde ninguno es capaz de asegurar el control del mundo económico globalizado.

Por primera vez en la historia, el mundo de la producción, de los bancos y de las tecnologías se ha separado del mundo de los actores. Así pues, éstos no pueden ser definidos por sus funciones o sus posiciones en la vida económica. Esta separación señala el fin de un muy largo periodo marcado por la concepción «socioeconómica» de las ciencias sociales. Por el lado del análisis de los sistemas, el pensamiento económico se consagró a la elaboración de análisis formalizados sobre las relaciones entre las diferentes dimensiones de la vida económica, comprendiendo las que escapan a la esfera económica propiamente dicha. Por el lado de los actores, nos concentramos en su función social. Ahora bien, justo hoy los actores ya no son analizables desde este punto de vista. Puede afirmarse que esta redefinición de los actores, ya no como actores sociales sino como actores morales y personales, está dominada por una situación que ha devenido no social y que enviste a los individuos, grupos e instituciones en tanto defensores (o por el contrario adversarios) de determinadas fuentes de legitimidad. Cuando la separación entre sistema y actores se vuelve total, los actores ya no pueden definirse como actores sociales, pues su legitimidad viene de más arriba. Proviene de que tienen en sí al sujeto, es decir, los derechos. Este deslizamiento no es testimonio del paso de una visión social a un enfoque individualista, pues esta palabra envuelve tres diferentes tipos de conducta nacidos del hundimiento de las sociedades de producción: la desintegración social, las conductas comunitarias y, finalmente, la búsqueda de nuevos principios de legitimidad definidos en términos de derechos. El más importante de estos derechos es el de ser un actor, lo que Hannah Arendt expuso con gran fuerza al definir a los seres humanos por su «derecho a tener derechos».

Todas las categorías sociales reivindican derechos. Los autores ingleses y estadunidense han incluso hablado del «derecho de ser inglés» en el momento de la independencia de las colonias inglesas. Pero es la Revolución francesa la que dio a la idea del derecho una amplitud general, lo que Hannah Arendt explica al decir que es la destrucción de todos los derechos particulares, como lo impuso la Asamblea constituyente de 1791, lo que lleva a pensar que son los individuos privados de derechos, podríamos decir desocializados, los que pueden reivindicar un derecho general —y aun universal— a tener derechos. Hannah Arendt desarrolla este juicio dentro de su enfoque crítico, influido por Edmund Burke, de la Revolución francesa y del modelo francés de democracia. Prefiere el modelo estadunidense sobre el modelo francés, donde el derecho general de tener derechos se apoya en la experiencia positiva de la posesión de derechos particulares. Puede aceptarse la crítica de Hannah Arendt, que ya había sido avanzada por Tocqueville, sin renunciar no obstante a dar un sentido universalista a la fórmula «el derecho de tener derechos». El respeto a las minorías en las sociedades contemporáneas nos obliga, más ahora que en aquella época, a hablar de un derecho general a vivir según normas y principios extraños para la mayoría. Ahora bien, un derecho así no puede fundarse más que en un principio universal.

Sea lo que sea, la completa separación entre el actor y el sistema es la definición misma de la situación postsocial. Rompe todos los vínculos que unieron a la historia económica con la historia social.

La ausencia de un nuevo modelo de sociedad

La situación de crisis que domina a principios del siglo XXI la economía mundial, y que se debe en gran parte a la evolución incontrolada del capitalismo financiero, es del todo desfavorable a la eclosión de un nuevo modelo de sociedad. Cuando éste se manifiesta, lo hace en efecto en los países más modernos, en la forma de organizaciones no gubernamentales (ONG) que también se observan en los países menos desarrollados, en donde son subvencionados, sobre todo, por los ricos países del Norte. Conclusión previsible y conforme con las observaciones clásicas: una fuerte ruptura del sistema económico y social, sea bajo el efecto de fuertes presiones populares, sea por iniciativa de los dirigentes políticos y económicos, retarda en lugar de acelerar, como en principio estaríamos tentados a pensar, la formación de un nuevo tipo de sociedad. En semejante contexto, la reconstrucción social, que debe facilitar la llegada al frente de la escena de nuevos actores, queda trabada en efecto por la crisis y por la disminución masiva de los recursos. La crisis no facilita por sí misma la modernización del campo político y social, sino todo lo contrario. Y sólo cuando la crisis suscite una reacción antiliberal, y aun antirreformista, podrá alcanzarse un nuevo equilibrio, haciendo posible una modernización global del tipo de la que ya se está poniendo en obra en los países escandinavos.

El proceso de cambio actúa pues en dos tiempos: al principio la superación del neoliberalismo económico mediante la ampliación de los derechos sociales y culturales de la población; en seguida, la pérdida del monopolio político del que disponen las categorías privilegiadas, lo cual acelera la formación de nuevas reivindicaciones sociales y culturales y cambia el funcionamiento de la vida política.

Este último punto es el que ha provocado recientemente la mayoría de los debates. Cada uno de ellos experimenta la insuficiencia de nuestra democracia *representativa,* debilitada por la diversificación social creciente de las sociedades industrializadas. En los Estados Unidos y en los países del *Commonwealth* se han desarrollado poderosos movimientos sociales y culturales, pero que se sitúan en otro nivel de la vida política, muy alejado de la esfera gubernamental. El mejor ejemplo de este fenómeno se da en los Estados Unidos (y en otras partes) por la ecología política, que se ha convertido rápidamente en una fuerza considerable en la sociedad civil, a ambos lados del Atlántico.

Al mismo tiempo, se ha desarrollado entre los economistas una fuerte corriente de integración de los análisis sociales y políticos con el cálculo económico. Amartya Sen es su figura principal, pero hay también otros contemporáneos suyos, como Joseph Stiglitz, Paul Krugman y Jean-Paul Fitoussi. De nuevo, el pensamiento progresa a medida que el cambio social se afirma.

La tentación de la ruptura

Nuestra actitud frente al vacío creado por la crisis de las sociedades industriales es ambivalente. Hay quien sostiene que falta acabar con el pasado antes de construir el futuro; otros se oponen a ello y replican que ese vacío no hace imposible la aparición de nuevas formas de vida social, puesto que una evolución bien encaminada es necesaria para la continuidad entre el nuevo tipo de sociedad y el viejo. Este segundo enfoque se revela como más perspicaz.

De hecho, necesitamos comprender que una crisis grave, aun cuando esté limitada por la intervención eficaz de un Estado, o puede detener el movimiento inicial hacia un nuevo tipo de sociedad o puede darle la forma de una ruptura completa. El final de un pasado no garantiza el nacimiento de un porvenir. A la inversa, las reformas limitadas, técnicas, no son suficientes para cambiar las representaciones y movilizar a quienes esperan una nueva sociedad que las libere.

Esta distinción entre un cambio sin ruptura entre el pasado y el futuro y un cambio que se realice mediante una ruptura cargada de violencia, o incluso por un choque revolucionario, es clásica. La oposición entre las reformas británicas y las rupturas francesas es una figura bien conocida del análisis de las profundas diferencias que distinguen a ambos países vecinos.

La continuidad permite escoger entre lo que debe suprimirse y lo que debe conservarse del pasado, pero no puede ser posible más que por la eficacia de un sistema político capaz de evitar el todo o nada, siempre demasiado costoso. La ruptura tiene el inconveniente considerable de hacer que se pierda de vista la transformación a realizar. Puede incluso llevar a la creación de un poder absoluto que rompa los vínculos con el pasado, pero al precio de la dictadura ejercida por quien conduzca la ruptura, se trate de un individuo o de un partido.

La crisis actual tuvo consecuencias sociales negativas, pero sin que se provocara una ruptura completa con el pasado. Las democracias han recibido bastantes golpes que las han herido, pero sin que se llegara a un efecto revolucionario. En el caso de los Estados Unidos y de la Europa occidental, la crisis incluso ha eliminado la idea de que el vacío político desemboca siempre en un movimiento revolucionario. Pero igualmente ha hecho que dejen de ser solidarias entre sí las dos tendencias cuya complementariedad da nacimiento a la situación postsocial y, por lo tanto, ha bloqueado su creación. Por un lado, el mundo de las mercancías y de los servicios rompe sus relaciones con las instituciones sociales y políticas e impone sus propias leyes. Pero, por el otro, la evolución positiva que lleva a la subjetivación de los actores tiende a ser remplazada por el encierro de las «espiritualidades» en lugares marginales, mientras que se crea un espacio intermedio, poco consistente, el territorio de Erasmo, si se quiere, que jamás escoge entre el papa y Lutero.

La crisis, pues, tiene efectos esencialmente negativos. Globalización y subjetivación forman universos opuestos, que incluso pueden enfrentarse si se da el caso, lo que hace imposible entonces la formación de nuevos actores, de nuevas instituciones y de nuevas negociaciones. Si la crisis lleva a una catástrofe, a rupturas completas, seguramente favorecerá en la sociedad la formación de un nuevo poder que se volverá todopoderoso e incluso totalitario. La crisis no madura los problemas; no sólo hace que caigan las hojas secas, también los árboles enteros.

El aspecto más positivo de la crisis actual bien podría ser haber ayudado a los Estados Unidos a reparar las cicatrices más profundas dejadas por un cuarto de siglo de liberalismo incontrolado. El Estado no sólo ha intervenido contra la crisis financiera, sino que lo ha hecho para bloquear la escalada de las desigualdades. La presidencia de Barack Obama habrá triunfado si logra yugular la crisis y mejorar, con el mismo movimiento, la política social del país, lo cual una ruptura revolucionaria nunca permitiría; por el contrario, ésta corta en dos la sociedad al descartar brutalmente a los dirigentes surgidos del pasado. La lógica de la violencia cubre y destruye a la de la modernización.

Aquello que limita los efectos positivos de la política de Barack Obama en los Estados Unidos es que no sabemos todavía si abre el futuro a nuevas políticas económicas y sociales. ¿Es necesario sostener la idea de que esta crisis ha provocado un cambio de orientación de los Estados Unidos hacia un nuevo *Welfare State*? Sí, gracias al gran proyecto de ley sobre la seguridad social. En todas partes en Europa la crisis desemboca sobre todo en una política defensiva, que se centra en la confusión y el retroceso en materia de protección social.

Entiéndase que no hay que olvidar que existe una continuidad de un tipo de sociedad a otro, en la medida en que toda sociedad se define por su nivel de historicidad, es decir, por su capacidad más o menos amplia de transformarse. Por lo mismo hablamos todos los días de la incapacidad de las sociedades de transformarse y no sólo para ilustrar el caso de países paralizados por la corrupción y la violencia: el ejemplo de Francia, y más aún el de Italia, están ahí para invitarnos a no caer en una visión inocentemente evolucionista.

La expresión «situación postsocial» perturbará a algunos, pero lo dudoso sigue siendo la capacidad de este o aquel país o ciudad para movilizar recursos, para tener confianza en su propio futuro, para convencerse de que la modernización es indispensable para la sobrevivencia de un país amenazado por vecinos demasiado poderosos. El miedo no conduce siempre al éxito, sino que atrae por lo menos con demasiada frecuencia a la violencia, alejando así a la sociedad de las nuevas formas de vida y de acción que es capaz de crear.

Hemos roto con la idea de progreso, lo que nos ha liberado de la ilusión que ésta opera sobre sus propias fuerzas: sabemos que se impone mejor cuando la élite dirigente se vuelve hacia el porvenir y los medios de imponer sus fines. El país que más se acerca al modelo de la modernización democrática y endógena es Alemania, apoyado en una gran capacidad de exportación de sus productos industriales. En el lado opuesto se encuentra China, cuyo modelo de modernización depende de las decisiones del Estado-partido y, por consiguiente, no garantiza la entrada en un futuro de bienestar y de democracia.

También Francia conoció periodos marcados por el voluntarismo, sobre todo bajo la dirección del general De Gaulle, quien desconfiaba de los franceses y prefería su idea propia de Francia y su porvenir, concepción que entró cada vez más en conflicto con la sociedad, hasta el estallido de mayo de 1968, y que fue abandonada en el momento del primer choque petrolero, en 1974. De hecho, nada nos asegura que este o aquel país entrará o no en la situación postsocial.

El conjunto de Europa se encuentra hoy en la misma situación. Los países ex soviéticos se esfuerzan por reencontrar el sentido de la iniciativa y esperan casi todo de la ayuda exterior. La Europa occidental está dividida entre una minoría de modernizadores y una mayoría de consumidores más que de creadores, que buscan disminuir la parte del trabajo en su vida porque, durante demasiado tiempo, la élite dirigente lo ha sacrificado todo a su enriquecimiento personal. Aquí debemos dejar el dominio de la economía y entrar en el de las ciencias sociales para comprender que el porvenir depende de la confianza que los miembros de una sociedad tengan en ella y en ellos mismos. Ahora bien, esta confianza depende ante todo de las conductas de los dirigentes y de los gobernantes que no siempre tienen conciencia de que, cuando el bien común cae en manos de ciertos especuladores, el resto de la población pierde confianza en el futuro de la sociedad.

Los tres elementos de la reconstrucción

El paso a la situación postsocial no surge de sí misma, como si se elevara por una evolución progresiva de un tipo de sociedad a otro. La ruptura implica siempre un riesgo importante de fracaso. Los países que no logran dar el salto hacia otra sociedad caen más por razones técnicas que por razón de su incapacidad para concebir y alcanzar los cambios necesarios. No sólo se trata de ignorancia. El paso puede intentarse en periodo de crisis, de revuelta, de desigualdades crecientes. Es el rechazo del mundo antiguo el que lo conduce entonces, lo que da cierto poder a los actores comprometidos, pero esta fuerza está más bien orientada hacia el ejercicio de la violencia que hacia la inventiva. La probabilidad de una serie de accidentes y de errores de juicio es entonces mayor que la del paso, metódicamente preparado y llevado a su buen fin, de un tipo de sociedad a otro. Pues la meta por alcanzar es la reconstrucción de un conjunto social vivo y activo, lo cual pasa por una redefinición de los principales actores por ellos mismos, un buen conocimiento del enemigo que hay que combatir y la conciencia de las apuestas comunes que existen entre los actores sociales.

- La *conciencia del adversario* es la más fácil de adquirir, pues los agentes del cambio entran en conflicto con su resistencia, ya sea en tanto que defensor del orden antiguo, ya en tanto que grupo de dirigentes económicos que imponen su dominio y recogen una ganancia excesiva. Esta conciencia se adquiere con tal facilidad que puede llevar ya sea a un conflicto, ya sea a la violencia. Este problema sólo se evitará si la conciencia afirmativa de uno mismo respalda la conciencia crítica (o incluso agresiva) del adversario al que se busca vencer.
- La *conciencia de sí mismo* es más difícil de adquirir que la del adversario a vencer, ya que el actor no se define ya en términos sociales sino universalistas, al mismo tiempo que muy concretos, y sobre todo en términos de derechos más que de intereses.

Los nuevos actores ya no son sociales y deben identificarse en la defensa de los derechos de amplitud universal. La dificultad de precisar la amplitud del grupo de los actores será compensada por el carácter radical de los nuevos enfrentamientos. Los nuevos actores deben poseer, pues, una conciencia muy firme de sus derechos y de lo que los amenaza.

En este punto del análisis, los actores definidos en términos «morales» no pueden todavía definirse por las implicaciones institucionales, y en particular jurídicas, de éstas, ya que el sujeto no puede formarse más que por encima de la organización social. Es un llamado a la vida contra la muerte, a los derechos contra los intereses, a los principios primeros más que a sus implicaciones.

Y esto es tan cierto que la afirmación de sí mismo toma, en un principio, una forma siempre utópica, como se produjo al principio de la sociedad industrial, cuando Marx habló de socialismo utópico, que oponía al socialismo real. El horizonte utópico no cesa de atraer, hasta el punto de que muchos jóvenes buscan huir del mundo real hacia un mundo ideal, de acuerdo con la naturaleza más que con las formas de organización económicas modernas, lo cual debilita el movimiento en formación. Los jóvenes se ven atraídos por la contracultura. Los textos y la música que tienen más éxito entre los jóvenes están con mucha frecuencia marcados por una conciencia positiva de sí, pero también por una oposición demasiado vaga a adversarios muy poco definidos.

Esta visión fuerte, incluso heroica, descubre al sujeto en el individuo pero deja en la sombra una realidad tan importante que de igual forma es difícil de percibir. El individuo virtualmente sujeto no puede cumplir su papel creador si no fomenta en sí mismo, y en quienes forman parte de sí mismo, una confianza en su capacidad de creación. Aquel que se detesta, se evita o se fastidia, ¿puede contribuir a construir un espacio social si su voluntad de ser un sujeto no resiste el poder agobiante del mundo del dinero? En las sociedades industriales, fueron los obreros calificados, dotados de una vasta antigüedad en su empresa, los que crearon y animaron el movimiento sindical, porque buscaban defender una autonomía real que los obreros no calificados y los peones no poseían. Del mismo modo, en una sociedad igualmente dominada por la conciencia cultural de sí misma y de los demás, son ellos y ellas los que buscan el bienestar de ser en sí mismos, los que pueden construir mejor la sociedad nueva, para ellos y para los demás.

- Queda por definir la *apuesta* del combate, aceptado por todos pero interpretado de maneras opuestas por los campos presentes.

En la nueva situación, en un espacio y un tiempo postsocial, ¿cual es la apuesta, cuál es el recurso principal de cuya posesión los adversarios se disputan aun reconociendo que pertenece a todos? Si la globalización ha destruido todas las instituciones y a la propia sociedad, ya que ningún control social ha actuado sobre ella, se impone a todos la conclusión de que sólo el *individuo* queda vivo en este campo en ruinas.

Los liberales, que quieren apartar todos los obstáculos susceptibles de impedir la marcha triunfal del mercado, pretenden disolver todas las pertenencias, ya que sólo los individuos buscan racionalmente sus ventajas. Su objetivo es que el individualismo extremo entierre las instituciones y las acciones colectivas.

Por otro lado, también es al *individuo* a quien uno se dirige por desafío y hostilidad hacia las instituciones que se han dejado instrumentalizar por la voluntad de ganancia conducida por sus actores dominantes. Pero el individuo, tal como está concebido por quienes son dominados, no puede ser un sujeto más que si reconoce que los demás individuos tienen los mismos derechos y la misma capacidad que él a ser sujetos. La visión universalista estaría vacía de sentido si no sirviera más que para reunir individuos y grupos distintos en la casa común de la ciudadanía,

> expresión de una pertenencia que no se funda en una identidad sino en una igualdad de derechos. Ahora bien, reconstruir a partir del individuo-sujeto, y de su relación con otros individuos-sujetos, una sociedad concebida como una casa común supone que seamos capaces de asociar el respeto de las diferencias con la creación de una conciencia universalista de los derechos humanos fundamentales.

Esta descripción no es desde luego «realista». Señala los distintos aspectos del «encabalgamiento» del individuo por el sujeto, pero sin que recurra por lo demás a fuerzas extrahumanas como en el vudú o en las grandes religiones. Andadura necesaria, pero también tramposa, como todas las imágenes de la sabiduría, de la fe y de la esperanza.

La situación de crisis prohíbe el bienestar. Desgarra y devora al individuo cuando busca en sí mismo al sujeto, que es la fuente de sus derechos. La crisis lo empuja a desviarse del sujeto y a comprometerse en combates utilitarios —o incluso, en la guerra de todos contra todos—.

Ahora bien, cuanto más la crisis alcanza directamente a los actores económicos, más viven duramente la contradicción entre la destrucción del mundo antiguo y la construcción del sujeto. El vaivén del péndulo entre lo que destruye el antiguo mundo y los que se esfuerzan por construir uno nuevo desemboca con tanta frecuencia en el caos como en un nuevo orden social. Nada más emotivo que esta oscilación, con frecuencia frenada por los retrocesos y los errores de quienes están decididos a quedarse en el camino de la subjetivación, pero que no siempre llegan sanos y salvos al término del camino. Los jóvenes, expuestos más que otros a las tentaciones del mundo del consumo y al mismo tiempo al desempleo, se pierden con mayor frecuencia que los demás, equivocan el camino, caen en las trampas de la acción instrumentalizada. Pocos de ellos logran encontrar el camino que los pondrá en alto y los transformará hasta hacerlos capaces de una completa subjetivación.

La crisis nos impide transformarnos en sujetos. Para responder a los ataques de los enemigos del sujeto, no hay que colocarse en su terreno, sino por el contrario asociar en sí lo más estrechamente posible la conciencia privada y la acción pública, ya que, si entramos en situación de guerra, seguramente se perderá todo, mientras que la fortaleza interior puede siempre resistir la invasión de la vida privada por las conductas utilitarias.

Desde luego, existen más formas de caer que de levantarse, pero si experimentamos fuertemente el sentimiento de la caída amenazadora, siempre podremos volver al camino que lleva a la subjetivación.

He aquí, pues, indicados dos de los momentos por los que deben pasar todos los que quieren participar en la construcción de un sujeto capaz de resistir al poder masivo del dinero y de las políticas que lo sirven. El primer momento es el de la separación de los dos caminos, el que desciende hacia la catástrofe y el que asciende hacia el sujeto.

El segundo momento es el que acaba de ser descrito específicamente: aquel durante el cual aparecen los elementos que constituyen la subjetivación del individuo: la *conciencia de sí*, la percepción del *adversario* y el reconocimiento de las *apuestas* por quienes caen en el vacío, al igual que por aquellos que buscan construir una muralla infranqueable para las fuerzas de descomposición, muralla hecha de exigencias morales más que de pesadas piedras.

En cuanto al tercer momento, que incluso es el más difícil de describir, es el del descenso de las alturas del sujeto hacia el vasto mundo de las conductas y de las relaciones sociales. ¿Cómo pasar del principio a sus aplicaciones concretas para transformar el espacio en el que sólo permanecen las ruinas de las instituciones antiguas? ¿Cómo reconstruir las instituciones, las relaciones sociales, las formas de organización que permitan al sujeto penetrar en todas las prácticas sociales? Pues sólo mediante este trabajo en el corazón de la vida social podrá el sujeto crear, no vínculos sociales, sino la posibilidad para cada individuo de elevarse hacia su subjetivación y hacia la de los demás.

VIII. La aparición de actores no sociales

La lógica de la economía pura

Una crisis económica aparece con la mayor frecuencia en situaciones en las que el dinero sirve para producir más dinero, y no para permitir la producción. Esta fórmula, que evoca el pensamiento de Marx, remite a la dominación del capitalismo financiero e incluso especulador sobre la economía real. En una crisis no hay actores propiamente sociales, ya que los financieros no se definen más que por la ganancia, incluyendo la especulativa, mientras que todos los demás, responsables de empresas, sobre todo pequeñas y medianas, y asalariados, se reducen al papel de víctimas. Para la mayoría de la gente, la crisis significa ante todo el desempleo; para muchos millones de estadunidenses, la pérdida de su casa.

Pero esta situación no tiende a generalizarse y a volverse permanente: ¿desplazamiento de los focos de producción de un país (o de un continente) a otro, búsqueda por las empresas de «flexibilidad» (es decir, de la sumisión ante el mercado, no sólo del trabajo sino de la vida de los asalariados en todos sus aspectos) para obtener el mayor beneficio posible? El desarraigo es un punto nodal de la economía moderna, desde el movimiento de las *enclosures* en Inglaterra, que empujó a los trabajadores rurales hacia las ciudades. En seguida hubo huelgas de alemanes, irlandeses, italianos y españoles empujados por la miseria hacia los Estados Unidos o Argentina. Más recientemente, africanos, magrebíes, antillanos, pero también los habitantes del este europeo se han dirigido hacia la Europa industrializada. Paralelamente, millones de «hispanos» buscan entrar a los Estados Unidos, llegados de México, de América Central, de Colombia, de Ecuador y de las Antillas.

Muchos ven en este desarraigo y esta flexibilidad una definición cada vez más general de las sociedades industrializadas y capitalistas y consideran como normal este flujo de población que deja el mundo rural o urbano empobrecido.

Puede hablarse de sociedad y de instituciones en crisis, tanto desde la perspectiva optimista de una gran marcha hacia Occidente como en la perspectiva pesimista del desarraigo de los campesinos pobres del sur de los Estados Unidos, de los que el escritor estadunidense Erskine Caldwell mostró los sufrimientos con tanto dramatismo. Los medios de producción y de consumo, de comercio y de investigación transforman el mundo, aun amenazando la sobrevivencia de quienes no pueden participar en tales transformaciones. Reconozcamos también las consecuencias directas de la dominación de lo que Georges Friedmann llamó el «medio técnico» sobre el medio natural. Ya no se puede oponer lo natural a lo artificial; ya no se puede imaginar la venganza del «hombre» sobre las máquinas. Ni siquiera pensar que el desarrollo de las técnicas constituye de por sí un movimiento de liberación, aunque Jean Fourastié y otros más hayan tenido razón al decir que la elevación rápida de la productividad a partir de fines del siglo XIX ha sido la causa de la elevación del nivel de vida y de la disminución (menos rápida) de la parte del tiempo consagrada al trabajo. Las actividades de ocio están hoy fuertemente orientadas por los medios, y las formas más modernas de trabajo están asociadas a métodos de gestión que producen un estrés destructor de la personalidad.

No se puede hablar ni de liberación ni de destrucción por el trabajo, ya que si las sociedades contemporáneas nos aprisionan en una capa cada vez más cerrada de restricciones, nos protegen igualmente más y mejor contra la enfermedad y nos aseguran una vida prolongada, alejando de nosotros la miseria de masas que conocieron las sociedades peor equipadas.

El objetivo de estas observaciones es insistir en el hecho de que en la situación postsocial ya no es en la vida «social» o económica donde se realizan los combates por la libertad. La eliminación de una forma de dominio no libera a quienes son dominados, abre la vía de una nueva forma, menos brutal pero quizá más estrecha, de «supervivencia», en el sentido dado por Michel Foucault a esta palabra. Hablar de liberación por el trabajo, o aun más por una revolución que transforma las relaciones sociales de producción, tiene cada vez menos sentido; a decir verdad esos «grandes relatos», para hablar como Jean-François Lyotard, ya no tienen realmente quien los atesore.

Esta comprobación puede interpretarse de dos maneras. La primera llega a considerar que ya no es el trabajo sino el consumo el que libera a los hombres. La parte del trabajo en el tiempo de vida se ha reducido mediante la disminución del tiempo de trabajo, el alargamiento del periodo de escolaridad y de aprendizaje, al igual que por la prolongación rápida de la vida más allá de la edad del retiro. Además, y como consecuencia, ya no es en el mundo social, y en particular profesional, donde hay que buscar los fundamentos de la libertad y de la responsabilidad de cada individuo. La segunda llega a reconocer al ser humano como *creador de símbolos*, y conduce a colocar el mundo de la *conciencia* y de los *derechos* por encima de la vida social.

No puede decirse ciertamente que la crisis nos aporta más libertad, pero podría quizá pensarse que encierra de tal manera a los individuos y a las categorías más diversas en el universo de los intereses dominantes de la economía y, en los efectos destructores de las catástrofes económicas, los empuja a buscar fundamentos no sociales en su conciencia y en sus reivindicaciones.

La idea de una acción puramente económica que no sea portadora de ningún proyecto político o social particular corresponde a lo que vivimos en la actualidad. El enriquecimiento de los financieros más el hundimiento de los bancos y de las empresas han diseñado una crisis en la que una gran mayoría de la población se ve privada del punto de apoyo para defender sus intereses o limitar sus pérdidas. Por consiguiente, si durante los meses y los años que vienen ciertos índices continúan indicando un principio de renovación de la economía, y sobre todo de la actividad financiera, sin que empiece una reducción del desempleo, es posible que surja una reacción popular de gran fuerza (o incluso de gran violencia). Pero ésta no podrá en ningún caso contribuir a la afirmación de la nueva sociedad; no hará más que traducir la débil organización y la ausencia de proyectos políticos de la población que ha sido víctima de la crisis económica.

El fin de lo social

Los actores financieros, que son los únicos que poseen cierta capacidad de intervención ultrarrápida, son los maestros del juego. En estas condiciones, no es suficiente con insistir sobre la contradicción entre la organización técnica y la organización social del trabajo para captar la situación en la que nos encontramos, pues ya no vivimos en una sociedad industrial ni siquiera postindustrial. El cambio es más profundo, más allá del retroceso relativo de la industria y del desarrollo de los servicios a las personas y a las empresas.

El dominio de la producción y de los mercados por los financieros, y ya no por los industriales, requiere de un nivel de análisis por encima de aquel en que se colocaba el conocimiento de las relaciones sociales de producción. Así, pasan a un primer plano, por un lado, una economía financiera alejada de la economía real y, por el otro, los actores que se definen en términos distintos a los de la sociedad industrial. Por consiguiente, se ha hecho imposible construir el análisis a partir del conocimiento de las formas de actividad productiva para ir hacia las relaciones de clase y hacia sus expresiones políticas y aun culturales. Esta nueva realidad es la que autoriza a calificar a los actores ya no como sociales, es decir, situados según su lugar en las relaciones sociales, sino como identificados por *su relación consigo mismos* y su propia legitimidad, opuesta a los determinantes que se definen cada vez más en términos económicos globales.

Todas estas observaciones se reducen por la fórmula: el *fin de lo social,* que significa la separación entre el sistema económico, sobre el cual nadie puede pretender un control real, y la vida cultural y política, que pone en juego los principios de libertad y de justicia más que las relaciones de fuerza. Esta expresión, el «fin de lo social», puede parecer excesiva, pero no es más impropia de lo que lo era hablar, en el siglo XVIII, de «sociedad industrial» cuando la producción agrícola desempeñaba todavía un papel importante. En efecto, la dinámica de la sociedad, sobre todo británica, en el siglo XVIII, ya estaba orientada hacia la formación de la gran industria.

Lo esencial es que, una vez sobrepasado el choque producido por esta expresión, ella nos ayuda a comprender la amplitud de las transformaciones que se llevan a cabo. De hecho, son más profundas que las que acompañaron el paso de una etapa de la sociedad industrial a otra. Desde este punto de vista, el cambio que vivimos es por lo menos análogo al que nos hizo pasar de una sociedad agrícola, y después mercantil, a la sociedad industrial. Aquí, el punto esencial es, como dije, reconocer que los actores ya no están motivados por sus intereses sociales y económicos, sino por la voluntad de defender sus *derechos*, es decir, de fundar su deseo de libertad y de justicia sobre la conciencia que tienen de traer consigo el sujeto humano.

En estas condiciones, la idea de un conflicto central propiamente social debe remplazarse por la oposición más profunda entre el mundo económico, considerado en todos sus aspectos, y el de la subjetividad dominada cada vez más por la referencia directa al derecho de cada quien a ser reconocido en su exigencia de libertad y de responsabilidad. El sistema en el que las conductas de todos son juzgadas en relación con las necesidades funcionales de la sociedad desaparece. Esta imagen interna del universo de las relaciones sociales es remplazada por la oposición, e incluso el conflicto, entre el poder dominante de la economía y el reconocimiento de los derechos del sujeto humano.

El fin de lo social induce la transformación de todos los aspectos de la vida colectiva y personal. Y si la idea de *desarrollo duradero* es central hoy en día, es porque emana de la más clara toma de conciencia de la necesidad de reconstruir instituciones capaces de controlar la vida económica en nombre de los derechos de origen moral.

Más allá de las luchas de clase

La descomposición del sistema económico y social, la separación cada vez más completa entre el actor y el sistema, hacen que sea muy difícil identificar a los actores sociales en el mundo de hoy. Esta constatación no debería sorprender. Se verifica tan fácilmente por el lado de la élite dirigente como por el de la población asalariada. Los economistas liberales lo expresaron con gran fuerza: sólo aspiran al dominio de una categoría social; exigen tan sólo la sumisión de todos a las reglas racionales del mercado, aun reconociendo que este dominio del mercado puede tener efectos negativos si no se respeta su libertad. No es fácil captar esta idea, en principio porque si la economía y el conjunto de la sociedad estaban dominados por una élite dirigente, se habrían escuchado las ensordecedoras protestas de quienes eran dominados. Todo ha sucedido al contrario, como si esta crisis económica, en lugar de empujar a la población «hacia la izquierda» la hubiera orientado «hacia la derecha», en la medida exacta en que se siente incapaz de actuar y no oye por parte de los sindicatos y de los partidos más que declaraciones que no podrán transformarse en acciones reales.

En definitiva, es al nivel del Estado que los dos tipos de demandas, las de los dirigentes y las de los asalariados, se dan a conocer, no una contra otra, sino una y otra a través de ese tercer actor que es la política, donde lo que más cuenta es la capacidad de negociación y la influencia política. La vía política no es ya el lugar de la transcripción de los conflictos de intereses en decisiones políticas. Es el campo político mismo el que toma la iniciativa para intervenir en esos conflictos vueltos silenciosos y que no corresponden ni a los intereses de los asalariados ni a los de los dirigentes.

El vocabulario de la filosofía social da hoy un gran lugar a la noción de *equidad*. Esta idea se opone a los principios del liberalismo económico, pero separa igualmente a los actores al conferir al Estado o a los sabios la preocupación de fijar el contenido del orden juzgado «equitativo». A este respecto, en el pasado, los movimientos sociales —obreros, feministas o descolonizadores— habrían visto agotadas todas sus fuerzas.

El Estado puede juzgar como prioridad reforzar la inversión o aumentar los salarios, o incluso acrecentar los beneficios repartidos entre los accionistas, en función de la idea que se tiene de la fuerza de cada actor y, por consiguiente, de los peligros que una crisis presenta para tal o cual categoría de actores o para sí mismo. Nos encontramos aquí lo más lejos del realismo racionalista preconizado por muchos economistas y dirigentes de empresas. Esta forma de proceder está en efecto dirigida por los intereses propios de un mundo político que busca reducir en provecho propio las consecuencias de una crisis que podría desencadenar una remuneración insuficiente para los accionistas o por el contrario para los asalariados, o incluso para una jerarquía inadecuada entre las diferentes categorías de trabajadores. Una política así adolece de la falta de un principio general de acción. Todo ello está sometido a la evaluación por los poderes políticos. Pero de hecho es la capacidad de los distintos actores de mantener la presión lo que determina el juego. Con mucha frecuencia son evidentemente los dirigentes económicos y financieros, privados o públicos, quienes lo conducen, ya que su presión se ejerce en el nivel más elevado. A la inversa, cuando los asalariados manifiestan su descontento, aunque esté plenamente justificado, el gobierno, al igual que una parte de la opinión pública, se inquieta ante las amenazas de agitación que podrían seguirse para el orden público. En estas situaciones, ya no hay vínculos directos entre los actores y el sistema, y es el Estado el que está obligado a fijar las prioridades en nombre del bienestar público, evaluado por él, contribuyendo por ello mismo al debilitamiento de los actores sociales.

La separación entre los actores y el sistema, y por lo tanto la eliminación de todo principio general de funcionamiento, como sería la lucha de clases de otros tiempos, priva al sistema económico de toda posibilidad de autorregulación. Por un lado, los asalariados tienen preocupaciones cada vez mayores, sobre todo las que pesan sobre la educación y la salud de sus hijos o su propio ingreso, mientras que quienes aportan los capitales se preocupan cada vez más por la competencia internacional y quieren que se les reembolse por los peligros que corren o, por el contrario, por las ventajas que aportan a su empresa mediante una buena gestión sobre los mercados internacionales. Esta realidad marca una transformación profunda con relación a los primeros decenios de las sociedades industriales. Mientras que en otras épocas eran los asalariados quienes movilizaban con facilidad en su favor los bienes públicos o una definición del interés general, hoy observamos lo contrario: aquellos cuyas demandas se apoyan en el número o en su agresividad son cada vez menos capaces de alcanzar su fin. Para vencer a sus competidores, hay que presentarse como defensores del interés común: económico, social o nacional. La opinión demanda la intervención de los Estados, pero éstos se sienten impotentes ante el capitalismo global.

El día y la noche

¿Podemos nosotros ahora aportar una respuesta a la pregunta planteada al principio de este libro, de cómo la crisis económica actúa sobre la evolución al más largo plazo que nos conduce hacia la situación postsocial?

La respuesta a esta pregunta puede formularse así: la crisis acelera la destrucción de la sociedad anterior, ya que los actores sociales se ven debilitados, mientras que los actores no sociales, como el capital financiero por un lado y el llamado al sujeto por el otro toman una importancia creciente, limitada en principio en los dos casos por la intervención del Estado. Pero, por otra parte, la situación de crisis retrasa la toma de conciencia por la población de los cambios en curso, en la medida en que la aprisiona a muy corto plazo y ampliamente en una catástrofe personal, como la que ya ha golpeado a un gran número de desempleados estadunidenses, españoles e ingleses, y cuyas consecuencias se hacen sentir duramente en los demás países industriales.

¿Y por qué no combinar estos dos puntos de vista, que parecen más complementarios que contradictorios? El elemento positivo del análisis anticipa la reconstrucción de nuevas instituciones y leyes, y de la vida social en general. Su elemento negativo es que el individuo se integra cada vez con mayor dificultad a la vida institucional y a la actividad económica. Esto lo testifica la parte de la economía ilegal o informal que no para de aumentar cuando el Estado apenas puede controlar los intercambios cada vez más subterráneos. Todos los aspectos de la actividad económica están en crisis, y son muchos los que reconocen la necesidad de oponerse activamente a tal evolución, mientras que los demás se contentarían con un control social reforzado de los bancos y de las empresas.

Hace poco se pensaba que la integración social de la gran mayoría de los habitantes de un país aparecía en el horizonte, en particular gracias al sistema de protección social; esta esperanza se ha desvanecido, por lo menos en Francia.

Desde este punto de vista, si se compara la situación actual de América del Norte y de la Europa occidental con la que existía hace 20 años, se descubre un resultado imprevisto presentado por el Institut National de la Statistique et des Études Économiques (INSEE). La separación entre las categorías con bienestar y las categorías pobres no cesa de reducirse en Francia, gracias a la seguridad social y a la redistribución de los ingresos, en particular por los impuestos. Hoy ha pasado de menos de 3.5 a 1, una vez deducidos los impuestos. Por el contrario, ciertas categorías se separan desde este momento del conjunto por arriba y por abajo. El enriquecimiento extremado de los más altos ingresos se comprueba fácilmente mientras que la miseria de los más pobres —los desocupados, muchos ancianos, pero también jóvenes y parejas monoparentales— se ve menos, aunque sea más amplia de lo que indican las estadísticas oficiales.

En esta situación de crisis se refuerza así una tendencia general de nuestras sociedades: los extremos se alejan cada vez más del valor medio, mientras que se acercan las clases medias y los asalariados estables.

Puede decirse de esta otra manera: la reconducción de los factores de cambio propios de la sociedad industrial es cada vez más difícil y la integración social se vuelve un objetivo ilusorio. De hecho, la crisis ha acrecentado la proporción de los marginados y de los excluidos en el seno de la población.

La salida de la crisis, desde el punto de vista estrictamente económico, dicho de otra manera, abordada en términos de producción y de relaciones sociales de producción, parece sumamente amenazada. Sucede que no se puede reconstruir el pasado en un mundo hasta este punto de cabeza. Ahora lo comprendemos mejor que antes: esta salida de la crisis no podría definirse en términos puramente económicos; debe serlo por la construcción de un nuevo sistema de actores. Pero de actores que ya no serán sociales, porque algunos de ellos, los dominantes, están hoy inscritos en una lógica económica global sobre la cual ningún actor social o político puede ejercer un control real, mientras que los otros, los dominados, apelan a la idea de un sujeto que no puede reducirse a una definición social.

Confirmación de la hipótesis

La hipótesis presentada en el capítulo VI parece validada. De ninguna manera pretende relativizar la importancia de las crisis globales actuales, cuyos efectos destructores se harán sentir por largo tiempo aún. Pero sí subraya el triunfo del individualismo religioso.

Hablo de individualismo religioso cuando el principio de legitimidad de la acción no se encuentra ya fuera del mundo del hombre, en el de los dioses, del porvenir o de los mitos, sino que sólo puede encontrarse en el interior de cada ser humano. El individuo-sujeto sustituye al individuo creado por Dios; es el sujeto el que ejerce el papel creador al arrogarse el «sentido» moral de sus derechos, al tiempo que toma en cuenta las condiciones naturales o sociales en las que puede ejercerlos.

La crisis obstaculiza el porvenir, no tanto porque retarde las innovaciones necesarias como porque arriesga impedir la formación de actores no sociales capaces de remplazar a los actores sociales de la sociedad industrial.

Los mecanismos económicos se separan de las conductas sociales. Los defensores de la socio-economía han conducido una acción crítica muy positiva contra el optimismo cándido de los liberales, que muchos rechazan hoy. Pero más importante que esta acción crítica es la desaparición de los actores propiamente sociales. La masa de los fenómenos económicos acaba con las iniciativas sociales. Y si los actores ya no pueden ser sociales, y ya no quieren serlo, es porque cambian de naturaleza y, en particular, de principio de legitimidad.

La crisis no hace desaparecer la conciencia política, pero sí separa cada vez más la vida política, confusa e impotente, de las sensibilidades, de las iniciativas y de los discursos que se desarrollan en la sociedad civil si logra darse una organización política. Por un lado la masa económica del mundo, del otro la protesta contra la violencia de los Estados y sobre todo contra la lógica «inhumana» de la organización económica global, han hecho aparecer esperanzas de liberación. Pero ¿cómo podrán formarse nuevos movimientos sociales e instituciones políticas transformadas si no hay ningún paso de la compasión (o de la cólera) a cierta forma de intervención política? A partir de la transformación aceptada de los elementos primeros de la vida social es que puede considerarse, al encuentro de la idea de ruptura radical, la reconstrucción de vínculos colectivos y personales entre los dos conjuntos no sociales. Pero ¿cómo imaginar que una nueva imagen del sujeto humano pueda instalarse en el corazón de la escena cultural y social? No hay fundamento positivo suficiente para la afirmación del sujeto; tiene necesidad del rechazo de la reducción de los seres humanos a sus condiciones de vida y a sus intereses. En la idea de sujeto es donde encontramos lo mejor de los pensamientos religiosos y, en el caso de los últimos escritos de Sartre, en la esperanza, es decir, en la invocación de un principio, en su caso no humano, que defiende en cada ser humano lo que es más poderoso que todas las formas de poder y de violencia. No podrían existir derechos fundamentales de los seres humanos si la opinión no rechazara la pretensión de los detentadores del poder a modelarlos según sus convicciones, sus intereses o las profecías que ellos mismos emiten.

Ciertamente es imposible presentar nuestra época como la del triunfo de la libertad humana, mientras que el siglo XX quedará ante todo como el de las guerras mundiales, los campos de exterminio, la bomba atómica y los asesinatos en masa de muchas minorías y aun de poblaciones enteras. Pero lo que hace que el siglo que corre se convierta a la vez en el más espantoso y en el más creador de todos es que lo que hace «humanos» a los seres humanos se define cada vez menos en términos sociales, hasta el punto de que el abandono hacia nuestras funciones sociales sea lo que parece permitirnos alcanzar lo mejor de nuestra humanidad y de nuestra libertad. Tal es la razón por la que observamos un interés en Occidente por todas las formas de pensamiento y de modos de vida que se oponen al utilitarismo.

Debería ser igualmente fácil reconocer realidades tales como la globalización y la internacionalización de los sistemas de producción y de comunicación. Vivimos en un mundo de ausencia, de rechazo, de soledad. Estas conductas de no participación en el mundo económico y de no sumisión a las obligaciones sociales llevan con frecuencia a la desocialización. Pero el poder creciente del mundo globalizado no priva de todo el espacio de acción al sujeto capaz de elevar al individualismo a un nivel plenamente universalista. Desde este punto de vista, no hay ya que adorar a la globalización como tampoco satanizarla. Todo depende del sentido que se dé al individualismo: efecto de la desocialización o nuevo principio (no social) de creación.

Lo esencial es comprender que la crisis puede tanto destruir a quienes quieren construir un mundo nuevo como reforzarlos en sus proyectos. No podemos decir solamente que la crisis hace desaparecer a los actores sociales. Nuestro espacio de vida colectivo ha sido penetrado a la vez por la afirmación de los derechos de los individuos-sujetos y por los efectos destructores del sistema económico globalizado. Nuestra *ambivalencia* respecto de la crisis define nuestra situación. Nos hemos vuelto incapaces de reivindicar, pero sabemos cómo evadirnos del mundo del dinero y del poder, que es también el de la crisis. La sociedad, sacudida y destruida por los juegos monetarios igual que por determinados intereses individuales, concede también un espacio mayor a la expresión de los derechos personales y colectivos. Incluso en la consumación más inmediata, y sobre todo en la vida sexual, se forman las experiencias más elevadas de uno mismo y de los demás. A la inversa, este espacio de apelación a los derechos puede ocultar en sus pliegues un comunitarismo que conduzca al rechazo del otro. El momento de la crisis, que sacude no sólo a la vida económica sino también a la vida social, nos revela, mejor que los periodos de estabilidad, las convulsiones y las ambigüedades de nuestra situación.

Cuando la vida social fragmenta cada vez más nuestras actividades y nuestras pertenencias, la construcción del sujeto se opera por una reintegración de todas esas actividades en la unidad de un proyecto de vida que descansa sobre la voluntad de cada uno de actuar de manera conforme con la defensa de sus derechos personales y de los de los demás.

Del lado de Soulages

Ya no es posible creer en la omnipotencia del progreso, en el sol que se eleva hacia el cenit al tiempo que expande su luz sobre la Tierra entera. De todos lados surgen imágenes de horror, tanto reales como ficticias. La palabra *tsunami* ha entrado en nuestro vocabulario, como en nuestro imaginario los extraterrestres que vienen a conquistar y a destruir nuestro mundo, o como el filme que nos venía a anunciar el fin del mundo hacia 2012.

Sentimos que nos acapara una visión completamente nueva de la existencia. La luz fue la primera creación de Dios *(fiat lux)*, y en esta luz vimos aparecer objetos tan sólidos que nos comprometieron a desarrollar una representación objetiva de nuestra vida. Las máquinas y las técnicas, así como la explotación de la materia, mejoraron ahora nuestra vida gracias a los beneficios de la medicina y de la prevención social, pero igualmente la amenazan por la intermediación de relaciones de producción patológicas.

Y he aquí que las profecías catastróficas se realizan, que las economías se hunden y que, más allá de la desocupación, la exclusión social se extiende.

Pero ¿no es el momento de revertir nuestra manera de sentir y de pensar? Los ecologistas han sido los primeros en lanzarnos la invitación al tomar por su cuenta el mensaje más antiguo del Club de Roma sobre la necesidad de poner de nuevo en duda la idea de progreso. Pero existe un pintor que nos da el mensaje más claro; mensaje que se le impuso a partir de 1979.

Pierre Soulages tiene ya tras él una obra considerable y reconocida en todas partes al descubrir el «ultranegro» que, según él, es el equivalente de la ultra-Mancha o del ultra-Rin. Hay que renunciar a apegarse a la luz y a los objetos de los que la luz nos da los contornos y confiere el peso de la objetividad. Hay que atravesar el muro del negro y descubrir los reflejos de luz que se forman en las aristas de la pintura negra que recubre la tela. Ahí ya no vemos objetos nuevos; nos vemos llevados por la interdependencia de la obra, del pintor y del espectador. El cuadro emite una luz en la que se encuentra preso el que lo observa. Dejamos entonces el mundo de los objetos y entramos en el de las imágenes, las representaciones y las evocaciones que cambian en todo momento, en función de la posición del cuadro mismo y del movimiento que realiza el que lo contempla al desplazarse delante de la obra. Hemos entrado en un mundo de subjetividad y ya no de objetividad. ¿No se trata de lo que observamos cuando se hunde el espacio social, cuando se agranda ante nosotros la imagen de una catástrofe que nos lanza al negro y que no podemos sobrepasar más que dejando que se cree en nosotros ese mundo más allá del negro, que es el de las sombras y las luces vectores de paz o de miedo, de libertad o de encierro?

Y lo que se llama el sujeto, ¿no es la mirada creadora de sentido, frente al sinsentido que imponen las crisis, el desempleo, el totalitarismo o el terrorismo?

Frente al negro que ahoga la luz y el color, el ultranegro libera la conciencia del sujeto al separarlo de todas sus formas sociales.

¿Cómo no ver la obra de Soulages como la que va más allá del negro y de los colores oscuros de los últimos años de Mark Rothko, ya que se trata de una exploración de un más allá que es el mundo de la creación?

IX. Nuevas instituciones sociales y políticas

Regreso a lo social

¿CÓMO TRANSFORMAR un principio universal —el sujeto, los derechos humanos— en formas de organización y de relaciones sociales? Pensamos sobre todo en el paso de la creencia en la Iglesia y en la transformación de la mística en política, como dijo Charles Péguy, para estigmatizar a quienes convirtieran su compromiso dreyfusiano en carrera política. Ahora bien, debe hacerse todo lo posible para evitar esta degradación que dejaría a la vida social a merced del poder del sistema económico y de la manipulación política.

El problema por resolver es el de recrear una vida social en la que, cada vez que sea probable una manipulación así, pueda no sólo construirse un dique jurídico, sino sobre todo hacer que se escuche el llamado al sujeto y a sus derechos.

Es fácil comprender por qué se habla tanto de la necesidad de recrear vínculos sociales y por qué muchos de los sociólogos piensan que esta reconstrucción debe ser el objetivo principal de su trabajo. Sueñan con restablecer relaciones de proximidad y de proteger todas las creencias y todos los compromisos, salvo cuando llevan al extremismo, a la intolerancia y a la arbitrariedad.

Démosle vuelta a los términos del problema: ¿cómo evitar satisfacer esta vida social defensiva que sólo apela a la seguridad y a la tranquilidad, bienes tan frágiles que ya no resisten a la presión del mundo económico más que con la formación de identidades agresivamente cerradas? Hay que apelar al sujeto, única fuerza que puede pretender hacerle juego en igualdad al poder del mundo económico, pero cuya acción no puede ser efectiva más que si su universalismo se transforma en leyes y reglamentos capaces de detener la marcha conquistadora del egoísmo económico.

En lugar de soñar con volver a tejer vínculos sociales estrechos, es preciso apelar al principio no social que es el sujeto, único que puede resistir a las presiones de la ganancia.

En todas partes las relaciones y las prácticas sociales deben abrirse; por todas partes es necesario tomar el partido del más débil. Desde hace mucho, y sobre todo a partir del nacimiento de la sociedad industrial, las leyes se esfuerzan por reducir las desigualdades bajo la presión de la mayoría de la población y con el apoyo de quienes escuchan mejor el llamado del sujeto. Pero sus declaraciones carecen de fuerza si se mantienen al nivel de las palabras. No pueden ser llevadas a la incandescencia más que por el llamado de los dominados a principios universalistas, más allá de la compasión por las mujeres víctimas de la dominación masculina o por las minorías de todos los órdenes, con frecuencia excluidas o prisioneras de la segregación.

Debemos defender a aquellos y aquellas a los que se niegan los derechos, y cuyos sufrimientos carecen de reconocimiento en un mundo productivista. No sólo se trata de la igualdad de las oportunidades que necesitamos, sino de la lucha contra el poder de los más poderosos y de los más ricos. Pues este poder superior se adquiere con frecuencia por medio de las vías ilegales, mediante la concusión y la corrupción, mediante el chantaje y la manipulación de los textos y de las instituciones.

Es preciso que en todas partes se formen no sólo simpatizantes grupos de vecinos o reuniones familiares en las que los primos lejanos lleguen a conocerse, sino grupos de protesta y al mismo tiempo de afirmación de los principios más universales.

Ya no se trata de la invocación a un dios, a un progreso o a una clase social que hará retroceder el poder anónimo del dinero, sino la apelación a las exigencias tanto individualistas como universalistas que emanan del sujeto. Las leyes se dividen en dos conjuntos con un peso desigual: unas se dedican a gestionar la vida económica con ventaja de los ricos; las otras defienden los derechos humanos, la justicia y la libertad contra todas las presiones. Este segundo tipo de leyes es el que debe extenderse, respetarse mejor y hacer que retroceda la pretendida neutralidad axiológica. Pero esta justicia no puede advenir si no se grava un principio metasocial en la piedra de las instituciones.

Ahora bien, estamos lejos de ello, como lo demuestra la crisis que atraviesa la democracia. Se la ha querido, y con razón, representativa, pero todavía falta identificar los intereses representables y asegurar la selección de dirigentes representativos. En este dominio vamos para atrás, ya que nuestras sociedades no se dividen entre una minoría de dirigentes y una mayoría integrada de trabajadores dependientes o no. Estamos cada vez más rodeados de gente excluida y precaria, y quienes están en la cima lo deben tanto a sus maniobras como a la fuerza conquistadora de sus empresas. Nos falta, pues, retomar el camino original de la democracia, que va de abajo hacia arriba. Pero una democracia participativa renovada sólo es un primer paso en la buena dirección: será más fácil defender a quienes nada tienen en nombre de los principios universales, como nos lo demostraron los textos fundadores de la Independencia estadunidense y lo que escribió el Constituyente en sus primeros meses, y en particular la Declaración de los Derechos del Hombre y del Ciudadano. Sin embargo, no se trata de regresar a los grandes modelos del pasado. La presencia del sujeto en el individuo no lo eleva por encima de los demás, por el contrario, lo compromete del lado de la vida social. El individuo-sujeto defiende para sí y para los demás un espacio de libertad gracias al cual el individuo no se verá reducido a sus funciones sociales —y por lo tanto no estará enteramente sometido al poder—.

Aquí sólo presento dos ejemplos, pero que tienen la mayor importancia.

El primero es *la escuela*. Quienes han definido la educación como un proceso de socialización se han equivocado, hasta el punto de contribuir gravemente a la pérdida de individualidad, de independencia y de responsabilidad por parte de los jóvenes. La educación familiar es más importante todavía desde el punto de vista del desarrollo del niño, ya que domina los primeros años de vida. De hecho, si evita los mayores obstáculos, con más frecuencia se orienta más hacia el niño que hacia la adquisición de las normas, al contrario de su papel anterior hace apenas medio siglo. Con frecuencia los programas escolares se definen por los maestros para los maestros, y se juzga al alumno en función de su capacidad de adecuarse a las reglas de la escuela. La crítica que se hace constantemente a este respecto descansa en la idea de que la escuela sirve antes que nada como lugar para la selección social. Los alumnos que se distinguirán serán aquellos que acepten las restricciones de una fuerte selección profesional que caracteriza a las escuelas públicas y sobre todo a los liceos franceses. El origen social superior, a la par que una selección escolar, dicen los críticos, determinan el reclutamiento de la élite social y económica de la generación que vendrá. Además, este modelo antiigualitario favorece la formación de dinastías sociales y de espíritus de antemano sometidos a la sumisión, a la regla más que a la innovación. Este tema, ya antiguo, de la escuela como instrumento de *selección social* sigue estando sólidamente fundado, pero más reciente es la idea de que el modo de comunicación entre el maestro y los alumnos tiene efectos con frecuencia más importantes sobre los resultados de estos últimos que el propio origen social de los alumnos. François Dubet lo demostró claramente en Francia, y la acción de esta variable se hace sentir masivamente en el conjunto del sistema escolar, y no sólo en su punta más afilada.

Esto indica la vía de salida hacia una solución. Las sociedades deben por principio estar conscientes de que su sistema educativo tiene un rendimiento deficiente: un mundo que está cambiando no se satisface con el sometimiento a reglas estables y racionales. Reducir la formación al simple aprendizaje lleva a empobrecer y aun destruir los espíritus en un mundo complejo. Hay que rechazar absolutamente el *one best way* definido por Taylor y sus émulos, tanto en las escuelas como en los talleres.

La escuela francesa es de hecho una de las últimas instituciones que funcionan según el modelo industrial del siglo XIX y principios del XX. En principio no puede defenderse un modelo escolar que, a la inversa, celebraría los méritos de los ocios y de los juegos, ya que esto favorecería a los alumnos surgidos de las clases más pudientes, que siempre encuentran un apoyo adicional de su familia. Por el contrario, es preciso agrandar la parte de la personalidad de cada quien que se tome en cuenta y preparar a los alumnos a vivir en un mundo exigente profesionalmente, pero también multicultural. No es suficiente pues con dar a elegir entre una educación rígida y otra más liviana. Por sí mismos, los dos sistemas pueden favorecer a quienes su medio los prepara mejor para su selección. Hay que repensar el conjunto de la relación entre el alumno y la escuela, renunciando a la idea demasiado estrecha de que ésta debe ante todo producir buenos trabajadores y buenos ciudadanos mediante el uso intensivo de la razón, del trabajo y del cálculo.

Segundo ejemplo, *el trabajo*. Hasta una fecha muy reciente, era común plantear el mismo tipo de preguntas al mundo del trabajo, a pesar de la abundancia de las acciones públicas que celebran la realización de cada quien en la empresa. Pues la transformación de los métodos de trabajo, que vio cómo el trabajo retrocede ante la cadena, ha hecho surgir otras restricciones: el trabajador debe también responder a las exigencias del mercado y tomar su parte de las dificultades del empresario, mientras que no hay ninguna toma de posición acerca de su actividad profesional. El estrés, la desesperación y cada vez con más frecuencia el suicidio golpean a quienes carecen de la posibilidad de adaptarse a estas situaciones y a estas presiones. También aquí las transformaciones por realizar son urgentes.

Del principio a las prácticas

Intentemos dar por lo menos algunos pasos sobre el camino que desciende a partir de un principio suprasocial, con la cimentación del universalismo de los derechos humanos —derecho al conocimiento, derecho al respeto y a la capacidad creadora—. Se trata de que identifiquemos las condiciones de creación de un orden económico e institucional que respete por encima de todo los derechos humanos.

El primer paso es el reconocimiento efectivo de todos esos derechos para todos, y en particular para los más débiles. Aquí tenemos que hablar de *solidaridad,* pues está en el fundamento del reconocimiento de los derechos de los otros, ya que todos tenemos los mismos derechos fundamentales. Si las ganancias tan elevadas de unos se asocian con la pobreza de muchos otros, hay que asegurar a éstos las condiciones de seguridad y de independencia que les permitirán actuar como ciudadanos, con el fin de retener una parte importante del ingreso de los más ricos. Posición que invierte la de las democracias censatarias, en las que sólo los propietarios y los independientes pueden ser ciudadanos.

Complementaria de la solidaridad es la *confianza,* ya que ésta no puede darse más que a quienes reconocen los derechos de los demás o, dicho de otro modo, quienes admiten un principio central de igualdad que es, según la sólida conclusión de Norberto Bobbio, el componente principal de la democracia.

Más allá de estas primeras observaciones, el razonamiento puede seguir el camino trazado por las concepciones modernas de la democracia. Así, es necesario que el poder se forme a partir de las demandas del pueblo, que deben ser llevadas al mundo político por quienes han sido elegidos como representantes de estas demandas populares. Éstas deben a su vez presentarse bajo una forma representable. Finalmente, y sobre todo, como lo percibieron de inmediato los primeros teóricos de la democracia, conviene que el poder ejecutivo, el Estado, se someta al control del poder legislativo y del poder judicial y, finalmente, que los electores puedan dar o rechazar su apoyo a quienes detentan el poder político.

El camino, que va del principio de los derechos fundamentales a las instituciones y a las leyes, en lo esencial pasa por la *democracia,* cuyas condiciones de existencia son de la misma naturaleza —aunque bajo otra forma— que el respeto prioritario de los derechos fundamentales. Si no se le reconocen a cada individuo los derechos que no tienen un origen social, ya que son universales, no se puede asegurar ni el respeto a las leyes ni la democracia.

Esto es lo que hace tan difícil definir concretamente las condiciones y las formas de construcción de un nuevo modelo de sociedad organizado en torno al tema de los derechos fundamentales: derecho al conocimiento y derecho a la libertad. Ya que en cada etapa nos volvemos a encontrar con las formas más limitadas de reorganización social que parecen ser por sí mismas suficientes y que, por esta razón, responden mal o no responden a las exigencias del nuevo modelo de sociedad. Nada lo muestra mejor que el tema, tan poderoso en el pensamiento sociológico actual, del restablecimiento necesario del *vínculo social*. Tema dirigido con razón contra un individualismo que traería consigo la destrucción de toda organización social y de la confianza entre los actores. Nadie ha expresado esta preocupación con tanta fuerza como Robert Putnam, quien, después de haber publicado *Bowling Alone* (Nueva York, Simon & Schuster, 2000), organizó el movimiento Better Together y participó con Lewis Feldstein y Dan Cohen en el libro *Better Together: Restoring the American Community* (Nueva York, Simon & Schuster, 2003). ¿Quién puede criticar o condenar la sociabilidad? ¿Quien, fuera de algunas personalidades y de algunos grupos espirituales, puede considerar la soledad como superior por naturaleza a la vida en familia, en pareja, en grupo? Podemos igualmente considerar que la ausencia de vínculos sociales es un obstáculo para las conductas que comprometen lo universal y los derechos.

Pero, paralelamente, la vida ocupada por el puro consumo, por la búsqueda del interés o por el rechazo de los demás constituye con frecuencia un obstáculo a lo que podríamos llamar el ascenso a lo universal. E identificar la modernidad con ese individualismo cerrado a los demás y a sus derechos es un error total. La búsqueda del vínculo social es ante todo la búsqueda de relaciones cara a cara; pero es necesario precisar de igual forma que muchas de las conductas de nivel elevado se desarrollan en nuestras relaciones con el «prójimo», en particular en la familia, incluso si uno debe desconfiar de las conductas inspiradas por la exaltación del sacrificio y del deber, en detrimento de la creación y de la realización de uno mismo. Sin adentrarnos en los análisis que se extenderían rápidamente a una gran parte de la vida social, hay que evitar oponer las conductas universalistas a las que son de naturaleza familiar o profesional. Al contrario, conviene aprender a distinguir entre el individualismo cerrado a todas las formas de vinculación social y aquel que las moviliza como medios para acceder a su propia subjetivación, al reconocimiento en él del sujeto, es decir, a la parte de universalismo que trae consigo.

El nuevo campo político

¿Cuáles son los efectos de la crisis actual sobre la formación de un nuevo tipo de espacio político? No hemos asistido a grandes perturbaciones en este dominio, pero de todos modos ha formado políticas anticíclicas que limitaron las consecuencias de la crisis, la cual, sin ellas, habría podido ser catastrófica, como fue el caso en 1929 y en los años siguientes. Las intervenciones de los Estados han permitido en efecto evitar una caída ya larga, que se remontaba a los últimos años del siglo anterior.

Esta crisis no llegó desde abajo sino desde arriba y golpeó sobre todo a los países que tenían un papel dominante. Asociada con los fracasos militares en el Cercano Oriente, contribuyó a privar a los Estados Unidos de su dominio hegemónico sobre el resto del mundo. Ya no es posible, como lo era en la época del presidente George W. Bush, representar a los Estados Unidos como el defensor armado de los «valores occidentales». El porvenir del poder estadunidense dependerá ahora de su propio comportamiento y de las intenciones de los demás países, y sobre todo de aquellos que pretenden cierta hegemonía. Esta subida de poder de los grandes países emergentes hace obsoleta la representación del mundo bajo la forma de una pirámide de países más o menos desarrollados, en cuya cúspide reinarían los Estados Unidos.

Desde todos lados se extienden críticas contra lo que Immanuel Wallerstein llamó el «universalismo europeo», expresión que incluye de hecho dos significados diferentes: que los occidentales hayan concebido al mundo entero y a su historia como un ascenso hacia lo universal que sólo ellos habrían alcanzado es por desgracia un hecho, y en esta concepción se redujo a los demás pueblos a la categoría de alumnos —y con frecuencia malos alumnos—. La identificación de un país o de una civilización con lo universal siempre será inaceptable, ya que implica confundir la modernidad, que es una y universalista, con la pluralidad de las vías que llevan a ella, entre las cuales las que han sido elegidas en Occidente no tienen ninguna preeminencia. Cierto que los occidentales, bajo la inspiración principal del cristianismo, han separado desde tiempo atrás lo espiritual de lo temporal, y han introducido por consiguiente una referencia a lo universal, por la cual se engulleron la filosofía de la Ilustración y la filosofía de la historia (vista como la marcha del progreso). Por otro lado, si los aspectos sociales y políticos de la historia occidental pueden criticarse, por su pretensión de un universal *absoluto,* hay que comprender que no hay modernidad sin la adopción de un pensamiento «universalista», el cual puede aparecer, por lo demás, en todas partes.

Además de las sociedades occidentales, muchas otras se sostienen en la idea de su superioridad sobre las demás. Es una desviación simétrica a la que acabo de denunciar. Estas sociedades rechazan separar el universalismo de su ser particular, que puede incluso presentarse como la expresión de una elección divina. Pretensión que debe rechazarse.

La venganza de los Estados

Nada parece más sencillo a simple vista que prever el desarrollo de instituciones, de las que muchas ya existen, capaces de intervenir en el más alto nivel de la sociedad económica y financiera globalizada. Pero la realidad ha desmentido esta esperanza. La mundialización de la economía no ha implicado la mundialización política. La cultura de masas estadunidense y japonesa se gana al mundo entero, sobre todo entre los adolescentes, pero asistimos a la disolución de las formas culturales antiguas más que a la formación de una nueva cultura. La distancia aumenta entre las élites «globalizadas» y el resto de la población.

Aun es más cierto en cuanto a la lengua, ya que, entre los jóvenes sobre todo, la lengua dominante se ha convertido en la de los *short message service* (SMS), que es un sistema mejor concebido para expresar hechos y sentimientos pero no ideas generales. Ahora bien, si esas realidades nuevas se imponen para todos, no son testigo del nacimiento de nuevos contenidos, sino más bien de la destrucción de ciertas formas antiguas.

En cuanto a la idea de que pertenecemos ya a una *sociedad mundial*, esto no ha sido confirmado —es lo menos que podemos decir— por la experiencia europea. Y hoy podemos extender esta conclusión a otras partes del mundo.

Durante mucho tiempo los europeos, por lo menos en Europa occidental, han sido proeuropeos para poner fin a las luchas entre las naciones que habían destruido Europa y para crear un conjunto económico comparable al de los Estados Unidos, o incluso al de China e India. Es entre los alemanes donde la fe en Europa se ha desarrollado más, ya que se apoyaba en el rechazo del nacionalismo de su país, además de los escritos de Jürgen Habermas y los discursos de Daniel Cohn-Bendit. Pero ¿quién habla hoy del «patriotismo de la Constitución» deseado por Jürgen Habermas, cuando Europa ha tenido tantas dificultades en adoptar una Constitución, aun reducida a medidas administrativas y económicas? La crisis financiera ha privado a la idea europea de una gran parte de su fuerza, y así asistimos a un regreso de las políticas nacionales, pero sin que desemboquen de todas maneras en un nuevo proteccionismo. Hasta ahora las grandes potencias occidentales pudieron evitarlo, lo que las protegió de una catástrofe aún mayor.

Frente a este discurso europeo del pasado, hemos observado el debilitamiento real de las culturas nacionales. Al mismo tiempo, las lenguas nacionales han sido marginadas por el inglés, que se ha convertido en la única lengua de las tecnologías avanzadas y de las reuniones internacionales. Las publicaciones y los espectáculos nos han familiarizado con el género de vida estadunidense, y la cultura de masas ha hecho que penetraran por todas partes las películas de vaqueros y de mafiosos, igual que Marilyn Monroe y Woody Allen. Incluso hemos visto a nacionales salidos de grandes países europeos darle cada vez menos importancia a su propia nacionalidad, pues les parecía de todo punto que la conciencia nacional carecía hoy de realidad. Un punto extremo se alcanzó cuando el patriotismo pareció limitarse al mundo del futbol. En la mayor parte de los casos, se trataba de un patriotismo de club más que de nación; es más, nadie ignora que los equipos de que se trata estaban formados por jugadores con frecuencia extranjeros, brasileños o africanos.

Cuando estalló la crisis del sistema financiero internacional, centrado en Londres y en Nueva York, el proyecto de una sociedad mundial se hizo humo.

Si los estadunidenses desempeñan un papel eminente en los dominios de la ciencia y de la tecnología y también en las artes y las letras, hay que recordar que estos sectores no movilizan más que a un nimio porcentaje de la población de ese país, mientras que la otra parte vive de una manera muy distinta y con la mayor frecuencia dentro de un horizonte limitado. Y ¿no es sorprendente que el presidente Obama —quien, a pesar del deterioro previsible de su popularidad, todavía se beneficia de un fuerte apoyo fuera de su país— sea el primer presidente estadunidense sin orígenes europeos y que lance juicios tan críticos de los dirigentes europeos?

Falta añadir que en materia política y cultural, como en el mundo económico o en materia de compromisos militares, no debemos esperar que Europa tome iniciativas que desembocarán en la instauración de relaciones más igualitarias en el seno del mundo occidental. Se considera cada vez más que la Comisión Europea queda encargada de una buena integración de Europa en la economía global y en el marco de una política internacional dominada por los Estados Unidos. Cierto que algunos países europeos comienzan a tomar sus distancias. Con Alemania a la cabeza, que quiere mantener su política de exportaciones a expensas de su población y de sus vecinos y, a partir de la época del canciller Schröder, empieza a volver la mirada hacia Rusia. También Francia, muy abierta a la cultura de los Estados Unidos, pero hostil a su política, se ha opuesto con fuerte convicción a la guerra en Iraq por razones que se revelaron justas.

¿Cómo podría una colectividad participar sin reacción alguna ante su disolución en el espacio globalizado? Aquí o allá se encuentra con individuos o pequeños grupos, sobre todo profesionales, que desean integrarse en la esfera norteamericana, porque los Estados Unidos siguen siendo el país con una mayor fuerza de atracción. Pero la internacionalización de los dirigentes económicos nada dice de los votos de la población en esta materia. Por el contrario, asistimos a un renacer de la conciencia nacional, en primer lugar en los países nacidos de la descolonización, o en aquellos que se liberaron, desde hace muchos años, de la tutela española. Los países de la Europa central y oriental, por su lado, se sublevaron contra Moscú y la dimensión nacional de su acción alcanzó gran importancia, incluso cuando de Budapest a Praga y de Praga a Gdansk, el movimiento de liberación se asoció igualmente con el movimiento obrero, que había sido devorado por el poder comunista, y se dejó llevar por el deseo de restablecer los vínculos con un Occidente al que se sentía pertenecer. Yugoslavia misma, creada y dirigida por los serbios, estalló en luchas sangrientas y, en el propio interior de Bosnia, serbios, croatas y aquellos a los que llamamos musulmanes se desgarraron entre sí en nombre de una nación, de una religión y de una cultura.

A la inversa, en otros países vimos al Estado estallar o desaparecer. Tal es el caso en particular de América Central y, más claramente, de El Salvador, desgarrado por una larga guerra civil, una fuerte crisis económica y una lucha abierta entre dos facciones principales de los *maras*. Ambas fueron creadas, una y otra, en Los Ángeles, entre los emigrados mexicanos y salvadoreños, y promueven la violencia al asumir en cierto sentido el papel del Estado. Pero más allá de estos casos dramáticos, nada permite concluir que los Estados nacionales tiendan hoy a disolverse en el universo de las organizaciones supranacionales.

Nuevos actores

Volvamos ahora del lado opuesto, no ya el de la globalización, sino el de las formas de acción que sustituyen a las de los grupos de interés social, legitimando su acción con el recurso al sujeto y enfrentándose a los efectos de la globalización, proceso éste que se sitúa por encima de la sociedad y se mantiene más allá de su capacidad de control.

Acabamos de ver que el Estado nacional, del que se esperaba su «paso a mejor vida», pierde en efecto algo de su capacidad de acción, pero que a la inversa sale reforzado por la voluntad de cada nación o de cada región de protegerse de las consecuencias de la crisis mundial y de salvaguardar su pasado, su herencia, su lengua y su memoria. Los problemas planteados por la introducción del principio moral que carga el sujeto son evidentemente de otra naturaleza que los que plantea la globalización a la identidad nacional. ¿Cómo puede ese principio universalista penetrar en situaciones sociales particulares? Porque le es implícito que en la cúspide de la sociedad, es decir al nivel de los gobiernos, todo discurso moral o filosófico es inaudible y que, en la población, suscita reacciones negativas, ya que no aporta respuestas prácticas y rápidas a quienes el miedo y la desconfianza tienen sometidos.

Pero se observa que en la sociedad civil, lejos de los centros del poder político y económico, se acoge mucho mejor, lo que permite la formación de acciones colectivas fundadas en la defensa de los derechos humanos, en particular de los más favorecidos.

Ciertamente, en el momento en que las mujeres se han convertido en los principales actores de las transformaciones sociales, hay que convenir en que la crisis ha provocado cierto repliegue sobre la vida familiar, cuando las perspectivas de la vida profesional se reducen o desaparecen. Muchas mujeres prefieren, durante un periodo que esperan limitado, dar prioridad a la vida familiar y en particular a los hijos, en este lapso que implica los mayores peligros para ellos. La mujer es la que se repliega en la familia más que los hombres, en la medida en que el salario del hombre sigue siendo superior al de la mujer, en la gran mayoría de los casos, y en que los estereotipos tradicionales encierran más firmemente a la mujer en la vida privada. No puede hablarse de un verdadero cambio de actitud respecto del trabajo, pero tampoco de una pérdida de confianza en las posibilidades de empleo y en las condiciones de trabajo, entre las que el desplazamiento geográfico obligatorio desempeña un papel determinante. Sin embargo, esta reacción no invertirá las tendencias profundas.

Cuando los problemas del trabajo se volvieron más urgentes y masivos, a partir de la segunda mitad del siglo XIX, se formaron sindicatos, confederaciones y partidos para organizar las luchas en defensa de los derechos de los trabajadores. Hoy, por el contrario, la lenta reducción aunque marcada de parte de las actividades industriales en la producción general, bajo el efecto de los cambios de localización y de la competencia de los países emergentes, implica el retroceso general de los sindicatos.

No obstante, en el nivel menos organizado, se desarrolla en toda la sociedad un gran número de movimientos cuyos objetivos culturales proclamados con gran frecuencia se inspiran en la preocupación ecológica frente a una economía ciega, para defender sobre todo el ambiente y las condiciones climáticas que necesitamos para sobrevivir. Estos movimientos de base apelan a los derechos de las minorías como derechos de la humanidad entera. En muchos de ellos, el lugar que ocupan las mujeres es más importante de lo que lo era en los partidos y los sindicatos, ya que todos estos movimientos tienen objetivos culturales que no pueden alcanzarse más que si se cree en la necesidad de combinar un punto de vista económico con las exigencias de la ecología y el respeto de los derechos fundamentales de todos. Las catástrofes que los científicos han declarado posibles se volverán ineluctables si, en todo el mundo, no se comprometen cambios en las conductas de producción y de consumo.

No es la crisis la que provocó la formación de estos movimientos, aunque, al debilitar las sociedades industriales y al hacerlas dudar de su porvenir, ha abierto un territorio a la formación de nuevos tipos de acción colectiva. Cuanto más comanden la economía las aventuras irresponsables del capital financiero, más se revelará trágicamente justo el carácter ineluctable de las catástrofes. Ahora bien, desde finales de 2009, en el momento en que los bancos conocieron una recuperación espectacular, que por lo demás no indicaba el fin de la crisis, se vio que los financieros se consagraban con mayor razón a los «productos derivados». ¿Cómo fue que este nuevo ataque del capital financiero no implicó que maduraran con mayor rapidez los movimientos cuyo fin principal es la salvaguarda de los derechos fundamentales de todos los seres humanos?

Sigue siendo necesario que esta acción se organice y reciba apoyos institucionales, lo que nos remite por un momento al tema del silencio de las víctimas. Cuanto más la crisis amenace y trastoque la vida de la gran mayoría, más difícil será que ésta se organice y, por tanto, cada individuo buscará en principio salvaguardar sus intereses y los de sus allegados. El debilitamiento de los partidos de izquierda en casi todas partes contribuyó a proteger los intereses de los grupos más favorecidos, pero esta paradoja no podría durar eternamente. Una conjunción de problemas generales y de incidentes que despiertan de golpe la opinión puede hacer que caiga con rapidez un gobierno que parecía todopoderoso un instante antes.

El estallido de la sociedad ha contribuido finalmente a destruir a los actores sociales, pero no sólo en provecho de individuos aislados y desocializados, sino igualmente en provecho de la capacidad de cada individuo o de cada grupo de mostrar una gran capacidad de transformarse él mismo, siempre que posea una fuerte *historicidad*. En el caso contrario, este reconocimiento del sujeto no es directo, sino indirecto, y debe operar por medio de creencias religiosas, de la sacralización de la sociedad o también del recurso de una filosofía de la historia en virtud de la cual la evolución debe alcanzar el triunfo de una nación o de una clase. De hecho, en todo tipo de sociedad, de las más avanzadas a las más débiles, existen obstáculos y falsas vías que les impiden alcanzar el reconocimiento de su propia capacidad creadora y más aún de proclamar el derecho de cada individuo a ser reconocido y respetado en tanto que sujeto.

Europa entre dos negaciones

La Unión Europea actual fue creada en primer lugar para poner fin a las guerras que habían agostado al continente. Pero rápidamente sus metas se volvieron económicas, e incluso su razón de ser. Se trataba de adaptar a los países europeos a la formación generalizada de grandes conjuntos económicos y políticos. Podría esperarse entonces que, frente a una crisis económica grave, la Unión Europea mostrara su superioridad sobre cada uno de los Estados. Pero ya hace largo tiempo que el espíritu europeo ha perdido su fuerza, pues se ha visto que la construcción de Europa presenta dificultades. Entre los nuevos países miembros, las antiguas repúblicas separadas del campo soviético han entrado en la Unión con más desconfianza que esperanza. Polonia, siempre preocupada por un posible ataque ruso, contaba más con los Estados Unidos y su fuerza militar que con Europa. Por su lado, los países miembros de la Unión no aceptaron someterse a un sistema constitucional después de varios fracasos y una recusación del texto de origen que definía los poderes respectivos de la Unión Europea, el Parlamento y la Comisión.

Frente a la crisis bancaria y al riesgo de un hundimiento total del sistema financiero, no es la Unión Europea la que desempeñó el papel principal. Europa, desde su creación, había evitado dotarse de poderes de intervención, civil o militar, en los asuntos mundiales. Sin embargo, varios contingentes armados de diversos países europeos, incluida Alemania, participan en una intervención militar en Afganistán. (Situación diferente, en verdad, de la de la guerra de Iraq, en la que varios países europeos, como el Reino Unido y España, participaron activamente para derrocar el gobierno de Saddam Hussein.) Sea lo que fuere, los problemas internos de cada Estado, según la opinión pública y los partidos, no deberían dejarse en manos alejadas de la Unión Europea. La diversidad de situaciones, de oeste a este y de norte a sur, confiere con toda naturalidad a los Estados una mayor autonomía.

La debilidad de la Unión Europea ha creado una situación paradójica. Los europeos del continente sufren los efectos de una crisis desencadenada por la *City* y Wall Street. Son estos dos superpoderosos los que se juntaron con la India y los países petroleros para frenar en Copenhague los proyectos de acuerdos sobre la protección del clima, a la vez que los Estados Unidos y China son los dos mayores contaminadores del mundo. En este periodo, los europeos han aprendido a restringir su consumo de energía y a cambiar el baño de tina por la ducha en un gesto casi ridículo frente al consumo de carbón por parte de China. En el fondo, sería como si los europeos estuvieran invitados a hacer sacrificios y a sufrir más que a actuar, dejando que los países emergentes y los Estados Unidos comanden el mundo posterior a las crisis.

De hecho, la crisis económica coloca a la Unión Europea ante una elección de extrema importancia. Frente al tan rápido ascenso de China y, aunque más lento, de la India, pero también de Brasil, el conjunto de los occidentales, europeos y estadunidenses se pregunta cuál es la mejor manera de defenderse: ¿acelerando la integración del mundo occidental bajo la dirección estadunidense o, por el contrario, sustituyendo el sistema actual por una relación más igualitaria entre los Estados Unidos y la Unión Europea? Hace tiempo ya que la idea de una Europa que reclame la igualdad con los Estados Unidos desapareció de nuestro horizonte político, y ya no parece que el general De Gaulle tenga muchos partidarios a partir de los años setenta ni en las cancillerías europeas ni en el seno de la propia Comisión. Ahora bien, estas ideas vuelven al frente de la escena, y no sólo en Francia, mientras que algunos, aunque ciertamente aislados, han tomado ya posición por una alianza atlántica equilibrada entre los Estados Unidos y Europa. Pero ¿no es ya demasiado tarde y la Unión Europea se convierte así en el sudario de una Europa vuelta fantasma? Sí, la víctima principal de las crisis actuales es Europa, pero ésta es igualmente responsable de su propia debilidad.

El fracaso del modelo renano

Los debates actuales no sólo se refieren a temas económicos y a la búsqueda de protección en caso de una nueva crisis, consideran igualmente, y por necesidad, aspectos militares y diplomáticos, ya que se trata antes que nada de saber si Europa es capaz de reivindicar por sí misma un papel importante en los asuntos mundiales. Concretamente, ¿está Europa en posibilidad de proponer una política original respecto del mundo musulmán, por lo menos distinta de la que los Estados Unidos han aplicado ante el mundo árabe? Podríamos imaginar, en esta perspectiva, que Europa escoja dirigirse con prioridad a los países que no fueron colonizados por europeos y que gozan de una tradición estatal fuerte. El país que cumple con esta definición con más claridad es Turquía. Pero nadie ignora que ciertos países europeos se oponen a su integración en la Unión Europea y que la hostilidad del presidente francés a su entrada constituye una dificultad complementaria, pues muchos países dudan sobre entrar en conflicto abierto con Francia. No podrá entonces actuarse más que con una evolución a largo plazo, aunque el éxito parezca visible. Si se es optimista, uno puede imaginar que la elección de una política internacional semejante tendría efectos decisivos sobre Irán, país que cumple con los dos criterios mencionados, ya que no fue colonizado por Turquía. Puede pensarse también, y sobre todo, que Europa tendría buenas razones para desempeñar un papel más activo en la búsqueda de una solución al conflicto entre Israel y Palestina. Todo esto se aleja bastante de nosotros y, aunque nadie puede desear el fracaso de la construcción europea, sí hay que reconocer que ha servido para redistribuir la riqueza de los países de la Europa occidental en el resto del continente —desde España, cuya modernización fue un gran éxito, hasta los países ex comunistas— y para dar a los europeos el medio de ser escuchados por el conjunto del mundo y desempeñar un papel importante en la escena internacional.

Al estudiar el periodo de la posguerra, el de la reconstrucción de las economías y de los Estados, Michel Albert distinguió entre dos modelos opuestos en materia de política económica: un modelo renano y un modelo liberal (llamado también atlántico). El modelo renano aparece en realidad como compuesto por dos tipos distintos: por un lado, el modelo germano-francés, fundado en una política social avanzada, preocupada ante todo por la lucha contra las desigualdades; por el otro, el modelo escandinavo, mucho más activo socialmente al precio de una política fiscal pesada, pero que asegura a los individuos ventajas sociales muy importantes, aun manteniendo posiciones fuertes en el orden económico mundial.

Puede resumirse la transformación de las políticas europeas a partir de la década de 1970 al comentar el retroceso y la pérdida de influencia del modelo renano, mientras que se expandió el modelo atlántico, sostenido por los Estados Unidos y preferido por los países ex comunistas que siempre han expresado su confianza en el ejército estadunidense.

Durante el último cuarto del siglo XX se vio, en efecto, la instalación de un desequilibrio cada vez mayor entre los dos principales aliados, el estadunidense y el europeo. En Europa, el debilitamiento de los diversos partidos «obreros», los partidos comunistas primero y los partidos socialistas en seguida, e incluso las minorías radicales y más aún el de los sindicatos después de la derrota decisiva que les infligió Margaret Thatcher en Gran Bretaña, ha provocado un fuerte retroceso de los proyectos de «izquierda». En Francia, la sindicalización casi ha desaparecido en el sector privado, con excepción de algunas grandes empresas, y sólo es fuerte en las correspondientes del sector público. Este debilitamiento del actor sindical y político ha obstruido la intervención de la Unión Europea, que, por el contrario, se ha fijado como objetivo principal la competitividad mundial de Europa al compartir la idea (conservadora) de dar prioridad a la destrucción de los obstáculos contra un desarrollo estimulado por la desaparición de las fronteras económicas.

La opinión pública no se equivocó; el apoyo que aportó a la construcción europea no ha cesado de deteriorarse por la misma razón. Los grandes países europeos han rehusado comprometerse en el sentido del modelo federal, y los defensores de la integración económica tuvieron razón en sostener que dicha integración está muy lejos de realizarse, en particular en el dominio presupuestal y, por consiguiente, en el de las políticas sociales. La larga evolución que había llevado a Europa occidental de una industrialización socialmente violenta a políticas sociales introducidas bajo la influencia de los sindicatos, finalmente se volvió en su contrario. En el curso del último cuarto del siglo XX, el modelo liberal, el de los Estados Unidos y Gran Bretaña, se impuso sobre los otros de manera tan rotunda que las organizaciones de defensa de los trabajadores se vieron debilitadas, en particular por el radicalismo de los sectores más activos, pero también por la oposición de un buen número de empresas a toda negociación.

Otra debilidad europea reside en el hecho de que las empresas no han tomado una parte suficiente, sobre todo en los países latinos, en la carga indispensable que representan la investigación, la enseñanza superior y la innovación tecnológica, a las que hay que considerar en realidad como inversión más que como carga. Esta debilidad es particularmente marcada en un país como España, que, sin embargo, logró un admirable *come-back*. En Francia, la capacidad de impulsar proyectos a muy largo plazo no ha cesado de debilitarse y vive todavía en parte sobre la herencia del periodo degaullista y de sus grandes iniciativas. La creación de una moneda única, a la que se ha adherido un buen número de países, pero no Gran Bretaña, tuvo la ventaja de reducir a cero toda política de devaluación competitiva. Pero esta opción correctora no fue seguida completamente por resultados: le faltaron otros estímulos. Y no es por azar que Gran Bretaña y Suecia, que no son miembros de la zona euro, han obtenido mejores resultados que los países que forman parte de ella. Ciertamente, las debilidades de la zona euro y de toda la acción europea pueden siempre corregirse por nuevas políticas económicas, pero cada vez con más dificultades, en la medida en que el debilitamiento de Europa ha implicado una fuerte presión de la xenofobia, que, después de haber visto una gran resonancia en Francia con el Frente Nacional de Jean-Marie Le Pen, se ha extendido a un gran número de países europeos, con la feliz excepción de Alemania.

Las resistencias corporativistas han contribuido igualmente a debilitar la capacidad de los países europeos para emprender una política más activa en los sectores de punta. Pero el factor más decisivo en este retraso habrá sido con toda seguridad la falta de voluntad de los europeos de construir una política que mire el porvenir. Europa prefiere manifiestamente construir museos para atraer a los turistas, que laboratorios y centros tecnológicos para acrecentar su capacidad de iniciativa y de producción. No vemos cómo, en los años próximos, podrá cesar de frenar su modernización la crisis actual.

La búsqueda comprometida

Pero, de nuevo, no será cuestión aquí de privilegiar una reconstrucción de la socialdemocracia o, en un nivel más psicosociológico, los vínculos sociales. Esta perspectiva pertenece al pasado más que al futuro, y lo mejor que podemos esperar será frenar el retroceso de la protección social o el empobrecimiento de los hospitales y universidades. No se trata de reconstruir una sociedad a partir de las relaciones familiares, amistosas o de vecindario y hasta llegar a la cima gracias a una democracia participativa agrandada. Quienes defienden el tema de la creación de nuevos vínculos sociales se vuelven útiles a la sociedad, pero dentro de límites muy estrechos, ya que se satisfacen con un análisis de la vida social que se reduce a colocarla en el eje integración-desintegración, versión simplificada en extremo de la sociología clásica. Ahora bien, se debe entrar al análisis a partir de un punto de partida opuesto y definir las acciones posibles. La sola resistencia eficaz ante el dominio del universo económico globalizado es en efecto la apelación más directa posible al sujeto, es decir, a los derechos fundamentales y universales de los seres humanos. En todos los niveles, hay que comprometerse en acciones defensivas, pero más aún contraofensivas.

Desde este punto de vista, no se trata de organizar una acción de masas, sino actividades individuales o colectivas en las que cada individuo *se comprometa* más que integrarse. Lejos de la pertenencia, hay que buscar la *ejemplaridad*. Por ello las pequeñas comunidades utópicas, ejemplares, tienen una función importante que desempeñar, mientras que el comunitarismo siempre es peligroso. El individuo o el grupo sólo tienen un papel positivo si aportan, y de la manera más directa posible, la referencia al sujeto. Y ésta no peligra de ensombrecer el moralismo, pues así de grande es la amenaza de una nueva crisis económica y social: en estas condiciones, no hay lugar ni para el aislamiento egoísta ni para la indiferencia ante la necesidad de defender los derechos constantemente amenazados.

Hay quien se inquieta por las elecciones de valores y denuncia el peligro de alejarse del análisis objetivo. Nadie puede negar el peligro que encerraría la reducción del análisis del sociólogo al deducir opiniones y conceptos de la vida humana. Pero no es suficiente con ser objetivo; es necesario también saber reconocer los juicios de valor que aportan los actores, sobre todo al día siguiente de una época que ha sido dominada por los totalitarismos. ¿Quién puede hablar «objetivamente» del Holocausto? Sólo el rechazo absoluto del mal permite comprender lo que fue, cómo nació, por qué se le dejó desarrollarse —y por qué muchos de quienes estaban informados de la existencia de los campos de la muerte eligieron callar—.

Quienes pretenden ignorar la idea de sujeto, o quienes la rechazan, trabajan para cegar a quienes necesitan endurecer su mirada para denunciar todas las formas de destrucción de los derechos fundamentales.

Conclusiones

La crisis que estalló el 24 de octubre de 1929 no tuvo solución. Primero fue Alemania la que la superó gracias a la política de rearme y de movilización ordenada por el régimen nazi en 1933. Los Estados Unidos y Francia vivieron en la década de 1930 un gran movimiento social que les permitió recuperar su política social, pero los Estados Unidos no salieron de la crisis sino hasta su entrada en la guerra. Gran Bretaña y Francia mostraron en Múnich su pusilanimidad, lo que alentó a Hitler a desencadenar la segunda Guerra Mundial en 1939. Así pues, fue de la política más que de la economía de la que dependió la suerte de los principales países industrializados. En cuanto a Japón, ya había sido militarizado desde tiempo antes, estaba inmerso en guerras de conquista en Manchuria y Corea y se había anexado Taiwán.

Aquello que llamamos la crisis actual, que estalló en 2007 y alcanzó su cima más peligrosa en septiembre de 2008, gracias al presidente Obama no se transformó en una crisis general, sistémica, de la economía occidental y aun mundial, pero sus causas no fueron eliminadas. El sector bancario pronto reencontró su prosperidad, mientras que la economía de las naciones, y en primer lugar de Islandia, Irlanda y Grecia, se vio amenazada por una quiebra que sólo la intervención de los principales países europeos y del Fondo Monetario Internacional (FMI) logró evitar. Hasta 2010, mientras que la mayor parte de los continentes conocieron un fuerte crecimiento, Europa parece condenada al estancamiento.

Este libro nos ha conducido hacia una imagen de la crisis actual, desde luego menos dramática que la de 1929, pero más inquietante y aun más difícil de remontar. Pues los efectos de esta crisis se multiplicaron por los que provenían de la globalización económica y financiera que destruyó todos los vínculos entre la economía y la sociedad. Ya no hay solución «interna» posible para la crisis; ésta ya no puede ser sobrepasada mediante reformas y un mejor control de las operaciones financieras.

Sólo percibimos dos salidas posibles de la crisis: una a través de la catástrofe, por lo menos en Europa, y la otra mediante la creación de una nueva vida social, que no descanse ya en la redistribución de los ingresos nacionales, sino en la afirmación de la defensa de los derechos universales del hombre como única arma posible contra el triunfo aparente de la economía globalizada. Esta expresión, que parece surgir únicamente del imaginario, debe por el contrario tomarse al pie de la letra. Es preciso reconstruir todas las instituciones sociales y ponerlas al servicio de la subjetivación de los actores y del salvamento de la Tierra y ya no de la ganancia. Todos sentimos que la dificultad es inmensa y el fracaso posible, pero también que los términos que empleo indican la única solución positiva de una crisis que va más allá del funcionamiento de la economía, ya que se produce en un mundo en el que todos los lazos de la economía y de la sociedad han sido rotos por una globalización de la economía sobre la que nadie puede ya ejercer el control.

Esta última frase trae consigo la conclusión de este estudio, pues la transformación a largo plazo más importante de la vida económica y social es el remplazo de los conflictos entre los actores sociales (a los que podríamos llamar clases) por una contradicción entre el sistema económico, sobre todo cuando es conducido por objetivos puramente financieros, y los actores que se oponen al reino del dinero en nombre de los principios que deben ser salvaguardados o redescubiertos y que tienen un carácter más moral que social (como el derecho de todos a la vida, la seguridad, la libertad).

Al tratar de la globalización de los sistemas de producción o incluso del capitalismo, hemos subrayado ya la separación del funcionamiento de los sistemas, transformado por las nuevas tecnologías de comunicación y las conductas de los actores que implican siempre un tiempo de reflexión, de elección y de orientación. Los actores sociales tienen miedo de que las crisis logren destruir la vida social, sin que los hombres, aunque armados de técnicas poderosas, puedan dominarlas, ya que los sistemas económicos ponen en juego fuerzas que no dejan lugar alguno a las representaciones y a las intervenciones de los seres humanos. Cuanto más se agranda la separación entre la objetividad de las ciencias de la naturaleza y la apelación constante de las ciencias del hombre a la subjetividad, y sobre todo a la subjetivación, más se vacía de contenido el espacio que las separaba, pero también las unía. La idea de sociedad queda destruida. Su desaparición implica la separación completa entre el análisis de los sistemas y el de las conductas y las representaciones: hoy es imposible dar interpretaciones antropomorfas de los sistemas sociales.

No es necesario pensar esta ruptura bajo la forma más extremada; se puede considerar que la noción de sociedad no desaparecerá completamente, no más que desaparece una ciudad bombardeada. Los últimos dos siglos han acrecentado la presión que las ciencias de la naturaleza ejercen sobre las ciencias humanas, sobre todo cuando éstas recurren a formas ya caducas del pensamiento científico, como lo demostró Edgar Morin. Pero este cientificismo no resiste tampoco de mejor modo a la transformación del pensamiento científico que al de las ciencias humanas.

Es preciso aceptar recorrer dos caminos opuestos: el que empieza en el descubrimiento de mecanismos cada vez más complejos que se manifiestan en la naturaleza, con el hombre incluido, y en el conjunto de los esfuerzos que han permitido concebir actores sociales cada vez más vivos, a partir de la importancia dada a las interacciones y a los modos de control colectivo en la economía, y el que continúa en la búsqueda del sujeto individual o colectivo a través de los comportamientos políticos. Esta separación del sujeto y del sistema, es decir, en una palabra, la desaparición del *actor social,* se ha visto acompañada, desde la Ilustración, por apelaciones al sujeto que hoy no se dirigen a un *sujeto social* sino a un *sujeto personal, moral.* A fines del siglo XX, que en gran parte fue dominado por las guerras entre Estados totalitarios, rechazamos como la peste toda asociación entre la ciencia y la ideología política. Los actores se definen cada vez menos por su pertenencia a la sociedad y se vinculan cada vez más claramente por su referencia a la idea de sujeto, considerado como la capacidad de los seres humanos de constituirse, gracias al lenguaje, en las representaciones artísticas y en la creación de un «más allá» —considerado como el origen de su propia creatividad— como los garantes de sus derechos. Nuestras obras materiales e intelectuales manifiestan cada vez más claramente la separación en la vida humana del mundo de los hechos y el mundo de los derechos, y nos ayudan a comprender que el principio de legitimación de nuestras conductas y de nosotros mismos proviene de nuestra capacidad de crear un mundo de derechos y de protegerlo contra los ataques que provienen de sistemas inhumanos.

Hoy pues aparece con toda claridad la separación entre los mecanismos económicos objetivos y el principio moral y cultural de defensa de los actores mediante una vuelta sobre sí mismos y por una reflexión sobre sus derechos, en virtud de la capacidad de los seres humanos de modificar su situación y adquirir así una representación más o menos directa del sujeto que transforma al individuo o al grupo de un ser de hecho en un portador de derechos. Entre estos dos movimientos opuestos, que con frecuencia se han combatido, el espacio intermedio, que nuestros predecesores habían definido como social, se vacía. El siglo XX dejó más ruinas sociales que nuevas construcciones. Hablar de rupturas y de crisis no significa de ninguna manera que el sentido del porvenir se revele en momentos precisos. Por ello indiqué de entrada que el tema de este libro era la *interacción* entre una *crisis*, cuyo punto de partida puede fecharse, y la *evolución* a largo plazo, que hará surgir la situación postsocial. Constantemente tenemos necesidad de situarnos en una larga historia.

En las sociedades premodernas, las técnicas y las formas de gobierno estaban indisolublemente vinculadas con una religión o con cierto tipo de organización familiar. Hoy, estos dos órdenes de realidad están separados casi completamente y poblaciones humanas enteras defienden un concepto de los Derechos del

Hombre opuesto a la violencia que entraña toda unión del poder temporal y el poder espiritual, de un aparato técnico y una representación del mundo. De hecho vivimos, ahora que no estamos sumergidos bajo una ola totalitaria, una doble experiencia: la del aumento acelerado de nuestro conocimiento de la naturaleza y la del respeto al ser humano, es decir de los derechos universales de cada individuo considerado como sujeto.

Pero estemos bien conscientes de que de los dos lados, tanto del de los derechos personales como del de los sistemas complejos, existen tendencias negativas. Y puesto que lo sabemos, ya no creemos en el progreso. Los descubrimientos de la ciencia moderna pueden emplearse para hacer la guerra tanto como para hacer la paz; de la misma manera, la apelación a una identidad, que conduce a respetar las diferencias entre los seres humanos, puede también conducir a su reducción a pertenencias biológicas, étnicas o religiosas. El tiempo de las guerras entre naciones se aleja de nosotros, por lo menos en Europa occidental, pero sin desaparecer completamente. Las guerras entre imperios han perdido su importancia desde la destrucción del imperio soviético, pero sentimos surgir a nuestro alrededor nuevas maneras de negar la existencia del otro y de sus derechos. Aprovechemos las inquietudes actuales para volvernos más conscientes de aquello que nos permite reclamar nuestros derechos, a la vez individuales y universales. Se trata de una tarea prioritaria, en la medida en que durante dos siglos la capacidad de crear un más allá del individuo en el propio individuo ha sido rechazada y objeto de persecuciones, en nombre de un poder material y político que se arma con más facilidad y rapidez que la conciencia de cada uno de nosotros de traer en sí un sujeto.

No hay separación completa del bien y del mal entre los dos campos. Esa palabra poderosa y solitaria: el sujeto, permite una comunicación igualitaria entre los individuos y las colectividades que aceptan reconocer directamente, o mediante diferencias técnicas, sociales y culturales, la unicidad del sujeto, que no se rompe por la diversidad de identidades y de sus relaciones con los poderes y las creencias. Pero los fracasos y los retrocesos son visibles en ambos lados.

Sabemos bien que la idea de la unidad concreta de los hombres y de las sociedades puede justificar las conquistas —e incluso las destrucciones en masa—. Felizmente, será pronto imposible defender ideas arbitrarias, como la superioridad de Occidente sobre Oriente, del Norte sobre el Sur, o incluso de una lengua sobre otra o de una religión sobre las demás. Los movimientos ecuménicos, que con el papa Juan Pablo II experimentaron una renovación de importancia, ya no pueden tener como fin captar la diversidad de las iglesias para la unidad de una fe o de una Iglesia, sino solamente permitir a cada comunidad religiosa disponer de cierto espacio para mejor combinar su singularidad con el carácter universalista de principios comunes a toda fe religiosa, a todos los conceptos laicos del progreso y a todas las formas de tolerancia.

No hay otro camino hacia la tolerancia y hacia la paz que reconocer a la vez la *unicidad* de los principios que definen al sujeto humano y la extrema *variedad* de los caminos por los que cada colectividad se transforma. Los caminos de la modernización están cada vez más alejados unos de otros, pero convergen hacia las mismas afirmaciones fundamentales y hacia la voluntad de combinar la unicidad de la modernidad con la pluralidad de las vías de modernización sin nunca llegar a ella.

Esta apelación a comprobaciones simples deja en nuestra experiencia colectiva un gran vacío. No podemos encerrarnos en un individualismo monacal o estético. ¿Qué hacemos con los espacios de las relaciones sociales de los que tenemos necesidad para asegurar las comunicaciones entre nosotros? Tenemos necesidad de ser protegidos contra todas las formas de dictadura o de hegemonía. El papel de las instituciones ya no es imponer reglas, sino ayudar a la construcción del sujeto humano, a partir de la diversidad de los individuos y de los grupos sociales. Las instituciones sociales deben permitir y organizar la comunicación entre los actores personales o colectivos distintos unos de otros, al dar una imagen de la humanidad que no se confunda con ninguna sociedad concreta. El espacio de lo social ya no es el espacio de las sociedades, sino el espacio de las relaciones entre individuos y colectividades, en la medida en que todos busquen combinar el *universalismo*, que nos permite vivir juntos, con el respeto de las *diferencias*, que, si se rechaza, abre las puertas a las conquistas del más fuerte.

Vivimos desde hace medio siglo la declinación de las pasiones políticas, es decir, de nuestro compromiso en tanto que sujetos en los conflictos y en las apuestas políticas: clase contra clase, nación contra dominación colonial o lucha de las mujeres contra el poder masculino. Las luchas centrales que se impusieron de golpe como las más importantes, con la declinación de la sociedad industrial, fueron aquellas en que el primer lugar ya no lo ocupaban los problemas sociales, sino los hechos y los debates culturales. La crisis actual, en este contexto, es algo más que una crisis: acelera el cambio de un tipo de sociedad a otro. Pero aunque sea posible la entrada hacia la nueva sociedad, los últimos actores sociales de la sociedad industrial no comprenden los nuevos movimientos sociales y culturales, de donde surge esta imagen que tanto nos impresiona: atravesamos una crisis profunda, tememos incluso una catástrofe, pero la nueva escena política está vacía. Los conservadores se encuentran reducidos al silencio, pero nada parece poder detener la declinación de las social-democracias, con lo que se alcanza la desaparición de las culturas políticas de la época industrial. Es urgente que la izquierda social-demócrata se transforme en izquierda «postsocial» y que la derecha impida la especulación destructiva por la intervención del Estado.

¿Por qué ese silencio de la izquierda y, es más, el de los intelectuales y de todos aquellos que participaron en el debate político? Lo que lo explica es que, ya que ningún debate político puede separarse de los conflictos sociales o culturales, la izquierda social-demócrata, al revelarse incapaz de representar a los nuevos sujetos de los movimientos de liberación, se priva de su propia capacidad de acción política.

Es con la estructuración histórica de la ruptura entre el sistema y el sujeto que nos acercaremos mejor a una conclusión, ya que una gran parte de las nociones utilizadas aquí es de naturaleza histórica. Lo que ha conferido a la sociedad industrial un lugar central en el análisis sociológico es que ésta ha sido el momento de una mayor integración entre categorías económicas y categorías sociales. La clase, categoría social, no podía separarse de la lucha de clases, determinada por una relación económica de explotación. Pero el error sería creer que esta situación es normal y que las otras no son más que manifestaciones de una crisis.

Antes del periodo industrial, la sociedad se analizaba en términos *políticos,* como dije, y fue igualmente el poder político el que favoreció la expansión de la economía capitalista. Es en términos políticos también que se formaron los movimientos revolucionarios que derrocaron a los reyes en nombre de la nación, de la república o del pueblo. Esta construcción de la realidad social ha perdurado por largo tiempo en los países que llegaron tarde a su industrialización, como Rusia, en donde Lenin eliminó el sindicalismo de masas menchevique en favor del partido bolchevique y aseguró mediante un golpe de Estado la instalación en el poder del régimen soviético.

En el interior mismo de las sociedades industriales, ciertos países como Francia se atuvieron al papel central acordado a la acción política, y fue Jules Guesde quien superó a Jean Jaurès en 1905, cuando se trató de elegir al dirigente del nuevo Partido Socialista. De manera más espectacular, son los leninistas quienes superaron en el congreso de Tours de 1920 a los socialistas, menos estatistas.

Igualmente, hoy muchos países, que asumen el riesgo de acentuar así su retraso, pretenden mantener en el corazón de la vida social las relaciones de clases surgidas de la sociedad industrial, y del mismo modo no quieren ver más que la dimensión política de los conflictos sociales. Es el caso de un número de países que se quedaron al margen en el momento de las revoluciones industriales.

Lo que no percibieron fue la tendencia a la separación entre las categorías económicas y las categorías sociales, tal como lo presenté en este libro y en muchos escritos anteriores. Esta separación no equivale a un regreso a las sociedades preindustriales y a su voluntarismo, tanto del lado del Estado como del de los empresarios. Por el contrario, el sistema económico dominado por la globalización, apoyado en nuevas técnicas de comunicación, está cada vez más dirigido por el capitalismo financiero, que se retrae de todos los aspectos sociales y políticos de la vida económica para sólo contemplar la máxima ganancia. Por otro lado, los actores que fueron políticos antes de volverse económicos y sociales están ahora obligados a ya no contar más que consigo mismos y sus derechos para legitimar sus reivindicaciones, ya que el mundo social ha sido rápidamente destruido por la globalización de la economía.

La crisis actual testimonia la desaparición de los actores de la sociedad industrial. Los financieros se separan de las empresas de producción, incluso de las mayores. Los sindicatos de orientación comunista se han visto ahogados por la manumisión de la Unión Soviética sobre ellos. En cuanto a los demás sindicatos, en todas partes se han debilitado por la fragmentación que afectó a la población activa.

Si la crisis no es la causa principal de estas transformaciones es porque es una tendencia a largo plazo la que rompió con los vínculos del capitalismo financiero y también industrial con los empresarios o los asalariados, con su cultura común y las intervenciones del Estado. La crisis marca desde luego una ruptura, que no se limita a la separación creciente entre el mundo financiero y el de la producción, en la medida en que hace estallar la lógica industrial, es decir la interdependencia —o incluso la fusión— de las categorías económicas y las categorías sociales.

La crisis, en lugar de detener las transformaciones a largo plazo de la sociedad, las ha acelerado, rompió de golpe los vínculos entre la economía y la sociedad, las cuales se desgarraron cada vez con mayor velocidad desde el triunfo del neoliberalismo en la primera mitad de la década de 1970. Por consiguiente, sólo podemos remontar esta crisis si comprendemos que sólo la apelación a los derechos universales del sujeto humano puede detener la destrucción de toda la vida social por la economía globalizada. Hasta junio de 2010, la hipótesis de una caída del euro se reforzó, pero la forma de evitarla sigue siendo la misma.

Esta tarea inmensa no puede cumplirse mediante una revolución, ya que todas las revoluciones destruyen las reivindicaciones sociales en favor de una lógica implacable, inscrita en las cosas, en el funcionamiento del capitalismo o en el poder de las armas.

Incluso puede cumplirse menos aún por las reformas que proponen las social-democracias que ya están agotándose, solamente una generación después de la caída final de la Unión Soviética y del comunismo.

No podrá ser llevada a buen fin más que por los militantes y las figuras ejemplares organizadas, ya no verticalmente, como los partidos y los sindicatos, sino horizontalmente, por una opinión pública y por actores informados sobre todo por los medios y por internet y decididos a no dejar que se construya un nuevo poder todavía más autoritario que el antiguo.

Estos individuos y estos grupos son llevados por la voluntad de no verse guiados más que por su propia apelación a la defensa de los derechos de todos y de todo, comprendido el ambiente, que está amenazado por las formas actuales de producción. Sólo una moral de la convicción, reforzada por la pasión de la vida y de la libertad, puede destruir en su impulso todas las barreras que se oponen a la creación de una nueva sociedad.

Retroceder ante tal tarea y limitarse a poner orden en la vida económica no puede llevar más que a fracasos y a nuevas crisis.

Resumen

Para ser aún más claro, quiero formular brevemente algunas conclusiones principales.

- Mi *primera conclusión* es que no se trata aquí de una lucha de clases o de un combate entre categorías sociales. La crisis es el resultado de la ruptura impuesta por los financieros entre sus intereses y los del conjunto de la población. La sociedad industrial capitalista, que implicaba medios de resistencia de los asalariados, al igual que protecciones de los financieros y de los jefes de empresa, ha sido destruida por las acciones irresponsables de ciertos financieros. Nuestra primera meta debe ser reconstruir una sociedad en la que los dueños de la economía se verían obligados por el Estado a considerar las reacciones y los intereses de la población.

  Hay quien piensa que es necesario retomar el camino de las reformas, dar nueva vida a la social-democracia. No es ésta mi opinión: las medidas a medias son hoy ineficaces, ya que primero hay que hacer que sean imposibles las conductas que desencadenaron la crisis. Y ya desde ahora los financieros, al haber recobrado sus fuerzas, buscan reconstruir un sistema financiero paralelo mucho menos controlado que la actividad de las bolsas de valores. No es que escoja tomar una posición radical; la acepto porque no hay otra y hoy, lo mismo que ayer, no vemos la posibilidad de resolver los problemas por el camino de las negociaciones. Nuestras instituciones son pues incapaces de resolver tanto los problemas económicos como los problemas ecológicos.

- Una *segunda conclusión*, más sencilla de aceptar, es la imposibilidad de volver al pasado, ya que la crisis ha sido desencadenada por conductas que han dado la espalda a una administración racional. Las sociedades industriales han sido heridas de muerte; *ya no se puede volverlas a la vida.*
- Mi *tercera conclusión* es que nuestra única elección sería: o bien abandonarnos a las crisis hasta la catástrofe final, o bien reconstruir un *nuevo tipo* de vida económica y social. No se trata de escoger entre el presente y el pasado, sino entre una serie de crisis y un proyecto de construcción de nuevas relaciones sociales y de nuevas instituciones.
- Ante todo ello mi *cuarta conclusión* es la más importante. Frente a un universo económico cada vez más globalizado, la única fuerza defensiva posible debe colocarse *por encima* de la realidad económica y social, en un nivel por lo menos igual a aquél en el que se formó el sistema económico global, que ninguna fuerza social o política puede alcanzar. Se trata de *la apelación a los derechos universales de todos los seres humanos*: derecho a la existencia, derecho a la libertad y al reconocimiento por los demás de esta libertad, al mismo tiempo que a pertenencias sociales y culturales amenazadas por el mundo inhumano de la ganancia. Aquello que escuchamos en todos los caminos y en todas las calles de todas las ciudades es: «Quiero ser *respetado*»; «Ya no quiero verme *humillado*». Tema moral contra tema económico: la vida social, en efecto, debilitada o hecha pedazos por el capitalismo financiero, está en contradicción con los intereses del conjunto de la población. Tenemos necesidad ante todo de dar nueva vida a un humanismo respetuoso de las demandas de todos los seres humanos. No hay enfrentamiento directo entre dos fuerzas sociales, como fue el caso en otras épocas, sobre todo al principio de las sociedades industriales. Pero

seguimos viendo al universo económico tratar a los seres humanos como mercancías o como máquinas.

Este enfrentamiento de los dos principios colocados por encima de la vida social puede conducir a una «guerra de los dioses», para retomar la expresión de Max Weber. La vida de todos estaría entonces dominada por la violencia y por todas las formas de descomposición de los actores.

- Mi *quinta conclusión* es, pues, que es necesario transformar con la mayor rapidez posible la idea general de respeto de los derechos humanos en nuevas formas, vivas y no sólo jurídicas, de las relaciones sociales. Igualmente se deben renovar los movimientos femeninos y la defensa de un desarrollo duradero.

Todas estas conclusiones corresponden a diferentes elementos del análisis, pero entre ellas forman un conjunto que permite definir claramente las consecuencias de las crisis y por lo mismo los medios para evitarlas.

Ya que una crisis económica es ante todo la ruptura de un sistema económico y social, es decir, de las relaciones sociales orientadas hacia ciertas finalidades y mantenidas en función mediante intervenciones públicas, la respuesta más eficaz a una crisis es *la reconstrucción de las relaciones entre los actores económicos, la formulación de sus valores comunes y nuevas intervenciones públicas.*

Lo que hace posible esta reconstrucción es que los actores, en su gran mayoría, no están dirigidos sólo por la búsqueda de sus propios intereses. Todo ello no quita importancia a las políticas anticíclicas ni a los controles ejercidos sobre las actividades financieras. Pero ya es tiempo sobrado de reconocer que una crisis es mucho más que una falla, y que es el estado general de la vida social el que contribuye tanto a la agravación de la crisis como al enderezamiento de la vida social y económica. Sobre todo, es preciso proclamar que la democracia, que transforma a los trabajadores en ciudadanos responsables, es la condición primera de la recuperación económica y social, por lo menos en los países que ya escogieron la libertad política en contra del totalitarismo.

Hemos conquistado nuestras libertades, hay que defenderlas. Pero es igualmente necesario crear un movimiento que, partiendo de las demandas y las reivindicaciones de la mayoría, dé nueva vida al mundo político a la vez que lo controla.

Referencias bibliográficas

Aglietta, Michel, y Laurent Berrebi, *Désordres dans le capitalisme mondial,* París, Odile Jacob, 2007.

———, *La crise. Pourquoi en est-on arrivé là? Comment en sortir?,* París, Michalon, 2008.

——— y Sandra Rigot, *Crise et rénovation de la finance,* París, Odile Jacob, 2009.

Albert, Michel, 1991: *Capitalisme contre capitalisme,* París, Seuil, 1998 (col. Points).

Alinsky, Saul, *Reveille for Radicals,* Chicago, University of Chicago Press, 1946; 2ª ed., Nueva York, Vintage Books, 1969.

Arendt, Hannah, 1951: *Les origines du totalitarisme,* París, Le Seuil, 2006 (sobre todo la segunda parte «Impérialisme», cap. IX).

———, 1963: *Essai sur la révolution,* París, Gallimard, 1967 (sobre todo cap. IV).

———, 1961: *La crise de la culture,* París, Gallimard, 1989 (col. Folio).

———, *L'impérialisme,* París, Fayard, 1982.

Artus, Patrick, «Le pire est devant nous», número especial de *Acteurs de l'Économie, Rhône-Alpes,* noviembre de 2009, pp. 40-47.

Artus, Patrick, y Olivier Pastré, *Sorties de crise: ce qu'on ne nous dit pas, ce qui nous attend,* París, Perrin, 2009 (sobre todo segunda y cuarta partes).

Attali, Jacques, 2008: *La crise, et après?,* París, Fayard, nueva edición, 2009.

Baudrillard, Jean, *Le pacte de lucidité ou l'intelligence du Mal,* París, Galilée, 2004.

Bauman, Zygmunt, 1998: *La globalización. Consecuencias humanas,* Buenos Aires, Fondo de Cultura Económica, 1999.

———, 1999: *En busca de la política,* Buenos Aires, Fondo de Cultura Económica, 2001.

———, 2002: *La sociedad sitiada,* Buenos Aires, Fondo de Cultura Económica, 2004 (sobre todo primera parte, pp. 37-149).

———, *Vies perdues: la modernité et ses exclus,* París, Payot, 2006.

Baverez, Nicolás, *Après le déluge. La grande crise de la mondialisation,* París, Perrin, 2009.

Beck, Ulrich, *Pouvoir et contre-pouvoir à l'heure de la mondialisation,* París, Flammarion, 2003 (col. Champs) (sobre todo caps. VI, VII, VIII).

Bell, Daniel, *Vers la société post-industrielle: essai de prospective sociologique,* París, Robert Laffont, 1973.

Berlin, Isaiah, Vittorio Matthieu, Amartya Sen, Gianni Vattimo y Salvatore Veca, *La dimensione etica nelle società contemporanee,* Turín, Fundación Giovanni Agnelli, 1990.

Birnbaum, Norman, *The Crisis of Industrial Society,* Nueva York, Oxford University Press, 1969.

Bourdieu, Pierre, *Combattre la technocratie sur son terrain, discours aux cheminots grévistes,* París, Gare de Lyon, 12 de diciembre de 1995.

Boyer, Robert, *La théorie de la régulation,* París, La Découverte, 1986 (con numerosas entrevistas, en particular con los economistas de la escuela de la regulación: Michel Aglietta, Robert Boyer, Alain Lipietz y Bernard Billaudot).

Bresser-Pereira, Luiz Carlos, «The Global Financial Crisis and a new Capitalism?», *Journal of Post Keynesian Economics,* verano de 2010, vol. 32, núm. 4, pp. 501-537.

Caldwell, Erskine, 1932: *La route au tabac,* París, Gallimard, 1973 (col. Folio).

———, 1933: *Le petit arpent du bon Dieu,* París, Gallimard, 1973 (col. Folio).

Caron, François, *Les deux révolutions du XXe siècle,* París, Albin Michel, 1997 (col. «L'évolution de l'humanité») (sobre todo tercera parte, pp. 333-467).

Castel, Robert, *Les métamorphoses de la question sociale. Une chronique du salariat,* París, Fayard, 1995.

Castells, Manuel, *Communication Power,* Oxford, Oxford University Press, 2009 (sobre todo caps. I y V).

CEPII, *L'économie mondiale 2010,* París, La Découverte, 2009.

Char, René, 1946: *Feuillets d'Hypnos,* en *Fureur et mystère,* París, Gallimard, 1983.

Cohen, Daniel, *La prospérité du vice. Une introduction (inquiète) a l'économie,* París, Albin Michel, 2009 (sobre todo tercera parte, pp. 173-274).

Cohen, Élie, *Le Nouvel Âge du capitalisme: bulles, krachs et rebonds,* París, Fayard, 2005 (sobre los escándalos Vivendi, Enron, Parmalat).

———, *Penser la crise,* París, Fayard, 2010 (sobre todo cap. VI).

Cousin, Olivier, *Les cadres à l'épreuve du travail,* Rennes, Presses Universitaires de Rennes, 2008 (sobre todo caps. VII y VIII).

Damasio, Antonio, *The Feeling of What Happens: Body, Emotion and the Making of Consciousness,* Londres, Heinemann, 1999.

Dejours, Christophe y Florence Bègue, *Suicide et travail: que faire?,* París, Presses Universitaires de France, 2009.

Diodato, Emilio, «Dall'equilibrio di potenza all'equilibrio geopolitico?», *Rivista Italiana di Scienza Politica, Il Mulino,* núm. 3, 2009, pp. 441-464.

Dubet, François, *Le déclin de l'institution,* París, Seuil, 2002 (sobre todo segunda parte, pp. 305-402).

———, *L'école des chances: qu'est-ce qu'une école juste?,* París, Seuil, 2004 (sobre todo pp. 53 y 89).

Esprit, Dans la tourmente (1), noviembre de 2008.

———, *Les mauvais calculs et les déraisons de l'homme économique,* junio de 2009 (sobre todo Dominique Méda, «Quel progrès faut-il mesurer?», pp. 86-118).

———, *Les contrecoups de la crise,* noviembre de 2009 (sobre todo primera parte: «Après la bulle un nouveau cycle», pp. 13-55).

Fitoussi, Jean-Paul y Éloi Laurent, *La nouvelle écologie politique,* París, Seuil, 2008 (col. La République des Idées).

Fourastié, Jean, *Le grand espoir du XXe siècle. Progrès technique, progrès économique, progrès social,* París, Presses Universitaires de France, 1949; reed. París, Gallimard, 1989 (col. Tel).

Friedmann, Georges, 1950: *Où va le travail humain?,* París, Gallimard, 1950, 1963.

Fukuyama, Francis, *La fin de l'histoire et le dernier homme,* París, Flammarion, 1992 (col. Champs).

Galbraith, James K., 1967: *Le nouvel État industriel,* París, Gallimard, 1989 (col. Tel).

———, *The Great Crash, 1929,* Boston, Houghton Mifflin, 1954.

García, Norberto E., *La crisis de la macroeconomía,* Madrid, Marcial Pons, 2010.

Gore, Al, *Sauver le planète Terre: l'écologie et l'esprit humain,* París, Albin Michel, 1993.

Habermas, Jürgen, *Une époque de transition: écrits politiques 1998-2003,* París, Fayard, 2005 (sobre todo segunda parte: «Transitions européennes», pp. 121-163).

Institute for Security Studies. European Union, *Managing a Post-Crises World,* reportes de los grupos de trabajo en el congreso anual, 22-23 de octubre de 2009.

Jorion, Paul, *La crise. Des subprimes au séisme financier planétaire,* París, Fayard, 2008.

———, *L'implosion. La finance contre l'économie; ce qu'annonce et revèle la «crise des subprimes»*, París, Fayard, 2008.

Keynes, John Maynard, 1936 (1943): *Teoría general de la ocupación, el interés y el dinero,* México, Fondo de Cultura Económica, 4ª ed., 2003.

Kouchner, Bernard, y Mario Bettati, *Le devoir d'ingérence,* París, Denoël, 1987.

Krugman, Paul, *Pourquoi les crises reviennent toujours?,* París, Seuil, 2009.

———, *The Return of Depression Economics and the Crisis of 2008,* Nueva York, Norton, 2009.

Laacher, Smaïn, *Mythologie du sans-papiers,* París, Le Cavalier Bleu, 2009 (col. Mytho) (sobre todo pp. 47-76).

Lazarsfeld, Paul (con Frank Stanton), *Radio and the Printed Page. An Introduction to the Study of Radio and its Role in the Communication of Ideas,* Nueva York, Duell, Sloan and Pearce, 1940.

Lévi-Strauss, Claude, 1961: *Arte, lenguaje, etnología* (entrevistas con Georges Charbonnier), México, Siglo XXI Editores, 1968.

Lyotard, Jean-François, *La condition postmoderne,* París, Minuit, 1979.

Maldonado, Tomás, *Il futuro della modernità,* Milán, Feltrinelli, 1987.

Marx, Karl y Friedrich Engels, 1845: *L'idéologie allemande (conception matérialiste et critique du monde),* en *Oeuvres,* París, Gallimard, 1982 (col. Bibliothèque de la Pléiade) (sobre todo «Feuerbach», pp. 1049-1085).

Méda, Dominique, *Au-delà du* PIB. *Pour une autre mesure de la richesse,* París, Flammarion, 2008 (col. Champs actuel).

Morin, Edgar, 1977: *La nature de la nature,* en *La méthode,* tomo 1, Introduction générale, París, Seuil, 1981 (col. Points), pp. 287-248.

Moscovici, Serge, *Essai sur l'histoire humaine de la nature,* París, Flammarion, 1968 (en pp. 5-46).

New School for Social Research, *Looking for Solutions to the Crises,* Conferencia Internacional, noviembre de 2008.

Obama, Barack, *L'audace d'espérer: une nouvelle conception de la politique américaine,* París, Presses de la Cité, 2007.

Orléan, André, *De l'euphorie à la panique: penser la crise financière,* París, Rue d'Ulm, 2009.

Pacquement, Alfred y Pierre Encrevé (bajo la dirección de), *Soulages,* París, Éditions du Centre Pompidou, 2010.

Pastré, Olivier y Jean-Marc Sylvestre, *Le roman vrai de la crise financière,* París, Perrin, nueva edición, 2008.

Paugam, Serge, *La disqualification sociale,* París, Presses Universitaires de France, 1994.

Péguy, Charles, 1910: *Notre jeunesse* (precedido por *De la raison*), París, Gallimard, 1993 (col. Folio).

Pizzorno, Alessandro, *Il velo della diversità,* Milán, Feltrinelli, 2007 (sobre todo cap. V, «Natura della disuguaglianza, potere politico, potere privati, nella società in via de globalizzazione», pp. 309-340).

Polanyi, Karl, 1944 (1957): *La gran transformación: Los orígenes políticos y económicos de nuestro tiempo,* México, Fondo de Cultura Económica, 2ª ed. 2003 (lectura obligada).

Reich, Robert, 19901: *L'économie mondialisée,* París, Dunod, 1993.

Renaut, Alain, *L'ère de l'individu. Contribution à une histoire de la subjectivité,* París, Gallimard, 1989 (col. Bibliothèque des Idées).

Revue de OFCE, *La crise du capitalisme financier,* núm. 110, 2009.

Ritzer, George (bajo la dirección de), *The Blackwell Companion to Globalization,* Malden, Blackwell, 2007.

Samuelson, Paul Anthony, 1947: *Les fondements de l'analyse économique,* París, Dunod y Gauthier-Villars, 1971.

Sassen, Saskia, *The Global City: New York, London, Tokyo,* Princeton, Princeton University Press, 1991.

Schumpeter, Joseph A., 1942: *Capitalisme, socialisme et démocratie,* París, Payot, 1998 (col. Bibliothèque historique).

Sen, Amartya, *Commodities and Capabilities,* Nueva York, Oxford India Paperbacks, 1987.

———, *Éthique et économie,* París, Presses Universitaires de France, 2009.

———, *L'idée de justice,* París, Flammarion, 2010.

Sennett, Richard, *The Fall of Public Man,* Nueva York, Vintage Books, 1978.

Simone, Raffaele, «Pourquoi l'Occident ne va pas à gauche?», *Le Débat,* Gallimard, núm. 156, septiembre-octubre de 2009.

Smith, Adam, 1759: *Teoría de los sentimientos morales,* México, Fondo de Cultura Económica, 1979.

———, 1776 (1794): *Investigación sobre la naturaleza y causas de la riqueza de las naciones,* México, Fondo de Cultura Económica, 1958.

Soros, George, 1995: *Le défi de l'argent,* París, Plon, 1996 (sobre todo caps. 6, 7, 8 y 11).

Stiglitz, Joseph, *La grande désillution,* París, Fayard, 2002.

———, *Quand le capitalisme perd la tête,* París, Fayard, 2003.

———, *Un autre monde: contre le fanatisme du marché,* París, Fayard, 2006.

———, Amartya Sen y Jean-Paul Fitoussi, *Rapport de la Commission sur la mesure des performances économiques et du progrès social,* París, La Documentation Française, 2009.

———, *Freefall: America, Free Markets, and the Sinking of the World Economy,* Nueva York, Norton, 2010 (trad. del francés *Le triomphe de la cupidité,* Brignon, Les Liens qui Libèrent, 2010).

Tarrius, Alain, *La mondialisation par le bas. Les nouveaux nomades, l'économie souterraine,* París, Balland, 2002 (col. Voix et Regards) (sobre todo caps. II y IV).

Taylor, Frederick W., 1911: *The Principles of Scientific Management,* Dover Publications, 2003.

Tocqueville, Alexis de, 1866: *El Antiguo Régimen y la revolución,* México, Fondo de Cultura Económica, 1996.

———, 1935: *La democracia en América,* México, Fondo de Cultura Económica, 1957.

Touraine, Alain, 1992: *Crítica de la modernidad,* Buenos Aires, Fondo de Cultura Económica, 1994.

———, *Comment sortir du libéralisme?,* París, Fayard, 1999.

———, *Un nouveau paradigme,* París, Fayard, 2005.

———, *Penser autrement,* París, Fayard, 2007.

Wallerstein, Immanuel, *L'univeralisme européen: de la colonisation au droit d'ingérence,* París, Demopolis, 2008.

Weber, Max, 2ª ed. aumentada, 1920: *La ética protestante y el espíritu del capitalismo,* México, Fondo de Cultura Económica, 2003 (sobre todo segunda parte).

Wieviorka, Michel (con Philippe Bataille, Karine Clément, Olivier Cousin, Frank Khosrokhavar, Séverine Labat, Éric Macé, Paola Rebughini y Nikola Tietze), *Violence en France,* París, Seuil, 1999.

———, *La violence,* París, Balland, 2004 (sobre todo tercera parte, pp. 216-318).

———, «La sociologie et la crise. Quelle crise et quelle sociologie?», *Cahiers Internationaux de Sociologie,* 2002, núm. 127 (sobre todo pp. 181-198).

Williamson, John, *What Should the World Bank Think about the Washington Consensus?,* Washington, Peterson Institute, 1999.

Agradecimientos

Este libro, que conoció muchas versiones sucesivas, impuso un pesado trabajo, que llevaron con bien, notablemente, Christelle Ceci, Émilie Ronflard y Aurélien Bergerat, asistentes de investigación. Los primeros agradecimientos para ellos. Yvon Le Bot quiso releerlo y corrigió bastantes errores.

Le prometí a Olivier Bétourné, quien alentó mi trabajo durante numerosos años, que este texto lo seguiría a la editorial a la que su historia personal lo llevara. Estoy feliz por su regreso a las Éditions du Seuil; como presidente me permite reencontrar al editor de la primera mitad de mi vida profesional.

Siempre encontré en el Centre d'Analyse et d'Intervention Sociologiques (CADIS) que yo creé en 1981, y en primer lugar con Michel Wieviorka, quien me sucedió en su dirección de 1993 a 2009, un apoyo intelectual del que en todo momento aprecié su gran importancia. Espero que el nuevo director del CADIS, Philippe Bataille, prosiga la obra que desarrollamos durante 28 años.

Tengo una gratitud particular por los amigos de otros países que han elegido establecer con el CADIS y conmigo vínculos estrechos de trabajo y de amistad: Manuel Castells (España), Manuel Antonio Garretón (Chile), Bernard Francq y Geoffrey Pleyers (Bélgica), Danièle Joly (Gran Bretaña), Kevin MacDonald (Australia y Gran Bretaña), Julio Labastida, Martín del Campo, María Eugenia Sánchez, Ilan Bizberg y Sergio Zermeño (México), Denis Sulmont (Perú), Fernando Calderón (Argentina y Bolivia), Antimo Farro y Alberto Melucci† (Italia), Mi Ran y Soo Bok

Sheong (Corea del Sur), Laura Faxas (República Dominicana), Louis Maheu (Quebec), Tom Dwyer (Nueva Zelanda y Brasil), el presidente Fernando Henrique y Ruth Cardoso†, José Arthur Gianotti (Brasil), Torcuato di Tella, Liliana De Ris, José Nun (Argentina), Francisco Zapata, María Luisa Tarrés (Chile y México). Finalmente, nunca será suficiente mi reconocimiento a Jacqueline Blayac y Jacqueline Longerinas con quienes por tanto tiempo he trabajado.

Índice

Sumario 9
Presentación 11

Primera parte
Las crisis en contexto

I. Más allá de la sociedad industrial 17
Crisis económica y cambio de sociedad 17
El modelo europeo de modernización 20
El declive de la sociedad masculina 24
¿En qué sociedad vivimos? 25

II. La crisis de la sociedad capitalista 31
Un segundo sector financiero 32
La conmoción y el silencio 35
¿Qué es una sociedad capitalista? 38

III. La situación de crisis 41
El huracán financiero 41
Los expertos y los Estados 44
Más allá de las sociedades de producción 47

IV. La descomposición de la vida social 52
El fracaso de la conciencia 52
El silencio de los partidos y los sindicatos 54
La responsabilidad de los intelectuales 56
Lo universal y lo particular 57
¿Se anuncia, pues, el fin de la sociedad? 59

63 V. El lucro contra el derecho
¿Cómo defenderse?
66 El uso de la moral
69 ¿Cómo movilizar a las víctimas de la crisis?
70 Soluciones a la crisis
72 Lectura de Joseph Stiglitz

Segunda parte
La sociedad posible

79 VI. La hipótesis
80 Tres hipótesis falsas
82 De la tercera a la cuarta hipótesis
85 La cuarta hipótesis
90 Tres etapas en el origen del sujeto: fabricación, comunicación, creación de valores
91 El encuentro entre dos principios metasociales
96 Entre dos futuros
98 De los actores a los sujetos

100 VII. La situación postsocial
100 Sociedades industriales y postindustriales
102 La separación de los actores y del sistema
104 La ausencia de un nuevo modelo de sociedad
105 La tentación de la ruptura
109 Los tres elementos de la reconstrucción

114 VIII. La aparición de actores no sociales
114 La lógica de la economía pura
117 El fin de lo social
119 Más allá de las luchas de clase
121 El día y la noche
123 Confirmación de la hipótesis
126 Del lado de Soulages

128 IX. Nuevas instituciones sociales y políticas
128 Regreso a lo social

Del principio a las prácticas 132
El nuevo campo político 135
La venganza de los Estados 136
Nuevos actores 139
Europa entre dos negaciones 143
El fracaso del modelo renano 144
La búsqueda comprometida 148

Conclusiones 151
Resumen 161
Referencias bibliográficas 165
Agradecimientos 173

Después de la crisis, de Alain Touraine,
se terminó de imprimir y encuadernar en octubre de 2013
en Impresora y Encuadernadora Progreso, S. A. de C. V. (IEPSA),
Calzada San Lorenzo, 244; 09830 México, D. F.
La edición consta de 5 000 ejemplares.